परिस्पंद

निर्मल उपाध्याय

First Published in April 2022

ISBN: 978-93-5611-170-7

BLUEROSE PUBLISHERS

www.BlueRoseONE.com
info@bluerosepublishers.com
+91 8882 898 898

Cover Design:
Aveek

Typographic Design:
Rohit

Distributed by: BlueRose, Amazon, Flipkart

जिनके पद–चिन्ह,
आस्थाओं में चिरंतन हैं,
जिनके संस्कार,
संवेदनाओं के दर्पन हैं,
कर्म–आव्हान थे जिनके,
निश्छल स्नेह–क्षितिज,
आज भी वही मर्म की,
सुगन्धों के उपवन हैं।

बड़े भैया पूज्य नर्मदा प्रसाद उपाध्याय
के चरणों में,
सादर।

अपनी ओर से.....

''परिस्पंद'' मेरी कविताओं का पहला संकलन है। इस संकलन में ग़ज़ल की तर्ज़ पर अथवा ग़ज़लों के निर्वाह का आश्रय लेकर कुछ रचनाओं ने आकार लिया है,या फिर भावों ने कविता के अलग अलग शिल्पों से जुगलबंदी करने की चेष्टा की है। संभवतः यह अनाधिकार चेष्टा हो। यह केवल सामर्थ्य का प्रयास भर है इन कविताओं के शिल्प किसी समृद्ध आत्म–विश्वास के बजाय भावों की अभिव्यक्ति के तुतलाते माध्यम भर हैं। आते जाते क्षणों ने जो कुछ संवेदना पर उकेरा, शब्द जैसे उसी के साथ चल पड़े। भावों में प्रतिध्वनित स्पंदन, समय समय पर शब्दों को अपना भाग्य सौंपते रहे। कविता के शिल्प की कसौटियों के मातृत्व को मेरी कविताओं का अल्हड़ बचपन कितना रास आएगा, यह तो नहीं पता, किन्तु वात्सल्य में अभिनय तो नहीं है, इतना अवश्य कहना चाहूँगा।

मेरी मान्यता है कि कविताओं में जो कुछ कहा जाना है वह तो कहा ही जा चुका है, उन्हीं बातों को प्रासंगिक परिप्रेक्ष्य में कैसे अभिव्यक्त किया जा रहा है, यही महत्वपूर्ण लगता है। संकलन में समय, संदर्भ और आस्थाओं की अनुभूतियों को अभिव्यक्ति देने का प्रयास भर है। कविता के प्रतिमानों पर खरा उतर पाना मेरी सामर्थ्य नहीं है, फिर भी, जैसा भी, मूल्यों से अजनबी सा जो लिख पाया, वही प्रस्तुत कर रहा हूँ। समय के सत्य ने संवेदना को जब कभी स्पंदित किया, तब शब्दों का आसरा लेकर अभिव्यक्ति भी स्पंदित होती रही। मैं इसे तृप्ति के लिए अपनी अक्षम आसक्ति स्वीकार करता हूँ। अक्षम आसक्ति इसलिए कि कविता के शिखर पर आल्हादित प्रतिमानों में, मैं अपना बौनापन निरंतर देखता रहा तथा स्वीकार करता रहा।

संवेदना ने बड़े भैया पूज्य नर्मदा प्रसाद उपाध्याय की उँगली पकड़ी तो फिर कभी नहीं छोड़ी। पूरे परिवार को साहित्यिक अभिरुचियों में, संस्कार में, भावों में उन्होंने ऐसे बाँधे रखा कि भावना स्पष्ट दिशा पाती गई। यह संकलन उन्हीं की प्रेरणा है जिसे उन्होंने बचपन से अब

तक पाला–पोसा। उनकी समग्र जीवन साधना का कोई सामीप्य नहीं फिर भी अभिव्यक्ति ने जो आकार लिया, नेपथ्य में उसके शिल्पी भी वही हैं।

हम मूलतः हरदा के निवासी हैं। हरदा याने मर्यादा, संस्कार, अपनत्व और आस्थाओं का शहर। वहां पलने और बड़े होने का सौभाग्य ही जैसे किसी भी पृष्ठ–भूमि खड़े हो पाने शिल्प है। अपने अध्ययन के समय से प्रसिद्ध व्यंग्यकार स्व–माणिक वर्मा जी के स्नेह–आशीर्वाद का लंबा सानिध्य मिला। उनके विचारों और शैली ने, न केवल प्रभावित किया बल्कि दिशा–बोध भी कराया। वर्मा जी हमारे लिए आईना भी रहे और अस्मिता के सौन्दर्य–प्रसाधन भी। इस संकलन के लिए परिवार की बेटियों का निरंतर पीछे पड़े रहना बड़ा कारगर रहा। अपनी बेटियों, नम्रता, नेहा, निहार, नियति, अंकिता, केतकी का संबल स्वीकार किए बिना मेरे प्रयास ईमानदारी नहीं जी सकेंगे। सचमुच बेटियाँ कभी परायी नहीं होतीं। अनुज नवीन ने इस संकलन का पूरा ताना बाना बुना, अनुज नरेन्द्र ने अपनी परिष्कृत दृष्टि से यथा समय संशोधन सुझाए तथा नए संदर्भों का आईना भी दिखाया।

मैं हृदय से आभारी हूं प्रख्यात सर्जक व विलक्षण चेतना के कवि श्री अज़हर हाशमी साहब तथा प्रख्यात पत्रकार व मेरे बरसों पुराने मित्र श्री प्रकाश हिन्दुस्तानी का जिन्होंने अपना बहुमूल्य समय निकालकर इन कविताओं को पढ़ा और अपनी सम्मति प्रदान की।

श्रद्धांक के शीर्ष पर विराजित सद्‌गुरु पंडित विद्यानिवास मिश्र जी की कृपा, दिशा, अंतःप्रेरणा ने पूरे जीवन का जैसे सार ही गढ़ा है। वे माँ सरस्वती के प्रत्यक्ष स्पंदन थे। मेरे सामर्थ्य/संबल की आधार–भूमि, सद्‌गुरु की कृपा और आशीर्वाद ही है।

अपने सभी शुभचिंतकों, प्रेरणास्रोतों और सहयोगियों के प्रति आत्मीय आभार एवं कृतज्ञता व्यक्त करता हूँ।

❑ निर्मल उपाध्याय

चिंतन का संसार रचती हैं श्री निर्मल उपाध्याय की कविताएँ !

मेरे मत में, संवेदनशीलता के आंगन में भावनाओं की चहलक़दमी है कविता। और, भावनाएं जब चहलक़दमी करती हैं तब मस्तिष्क रूपी मुनीम, मनरूपी रोकड़–बही पर कभी सभ्यता और संस्कृति दर्ज करता है तो कभी प्रकृति और पर्यावरण, कभी आनंद और आल्हाद अंकित करता है तो कभी वैषम्य और विषाद, कभी सामाजिक सरोकार चिन्हित करता है तो कभी व्यवस्था की विसंगतियां, कभी मुलाज़िम की मनोदशा दिखलाता है तो कभी देश–काल–वातावरण, कभी जोश और जज़्बा उकेरता है तो कभी पीड़ा और अवसाद, कभी रिश्तों की रवानी रेखांकित करता है तो कभी कर्तव्यों की कहानी। तात्पर्य यह कि भावनाओं की चलहक़दमी, जब संवेदनशीलता के आंगन में चेतना के पद–चिन्ह छोड़ जाती है, तब कविता के रूप में चिंतन का संसार रच जाती है। इस दृष्टि से देखें तो श्री निर्मल उपाध्याय की कविताएं, निस्संदेह चिंतन का संसार रचती कविताएं हैं। सबसे बड़ी बात तो यह है कि अपने काव्य–सामर्थ्य के संदर्भ में श्री उपाध्याय का न तो कोई दंभ है न दुराग्रह। उनके इस प्रथम काव्य–संकलन (परिस्पंद) की प्रथम कविता, जिसका शीर्षक 'मेरी कविता' है, उनकी इस ईमानदारी का प्रत्यक्ष प्रमाण है। जैसे :–

''दर्पण तक कुछ दृश्यों ने आना चाहा है,
कुछ सपनों ने अभिव्यक्ति पाना चाहा है,
गीत–ग़ज़ल की गूढ़ विधाऐं मैं क्या जानूं,
प्रण में बस सुगन्ध ने ज्यों बसना चाहा है।''

इसी तारतम्य में 'मेरी कविता' की निम्नांकित पंक्तियाँ भी उल्लेखनीय हैं :–

''मंगल ध्वनि की मरघट में अभिलाषा जैसे,
सूखे फूलों से सुगन्ध की आशा जैसे,

यही व्याख्या मैंने जो कुछ गाया उसकी,
तुतलाते अबोध बच्चे की भाषा जैसे।''

श्री उपाध्याय की यह स्वीकारोक्ति और विनम्र अभिव्यक्ति ही उनकी कविता को ताक़तवर बना देती है। वरना, आजकल तो स्थिति यह है कि कुछ तुकें छपते ही (अथवा वाह–वाह मिलते ही) लोग अपने अहम् का गुब्बारा फुलाकर 'बेतुके' होने लगते हैं। श्री उपाध्याय काव्य–सृजन करते हुए, अहम् और वहम से बहुत दूर रहकर, चेतना का जो अलाव जलाते हैं, उसका ताप सुकून भी देता है और संदेश भी।

श्री उपाध्याय के इस प्रथम काव्य–संकलन (परिस्पंद) की पाण्डुलिपि को बहुत एकाग्रता से पढ़ने के बाद मुझे महसूस हुआ कि यह मल्टी–परपज़ भी है और मल्टी–डायमेंशनल भी। अभिप्राय यह कि अपनी बात कहने के लिए कवि श्री निर्मल उपाध्याय ने गीत के गलियारे में भ्रमण किया है तो दोहे के द्वार पर भी दस्तक दी है, व्यंग्य के वातायन से झांका है तो गीतिका और मुक्तकों की मुंडेर पर भी शब्द–दीप रखे हैं। ग़ज़ल की तर्ज़ पर या यूं कहिए कि ग़ज़लनुमा ज़मीन को भी श्री उपाध्याय की लेखनी छूकर आयी है। देखिए बानगी :–

''उम्मीदें कभी नशा नहीं होतीं,
चाहतें कभी ख़ता नहीं होतीं।
हर पल इम्तिहान तो होगा ही,
जवाबदारियां सज़ा नहीं होतीं।''

इसी तरह 'क्या लेना–देना' की सवाल–जवाब की बानगी देखिए :–

''बंद आँखों को दिन–रात से क्या लेना–देना!
वक़्त को किसी के हालात से क्या लेना–देना!
आदमी–आदमी बन जाए, बस इतना काफी है,
बाक़ी फालतू सवालात से क्या लेना–देना!''

प्रकृति और पर्यावरण से प्रेम श्री उपाध्याय की ग़ज़लनुमा रचनाओं में यत्र–तत्र परिलक्षित होता है। उदाहरण के लिए 'सुख़नवर

मेरा' की ये पंक्तियां देखिए :–

''चहकते पंछी का बसेरा है,
बस जाए पास ही शहर मेरा।''

कवि की संवेदनशीलता की तीव्रता और तड़प को समझने के लिए 'मुलाज़िम' शीर्षक की इस रचना की निम्नांकित पंक्तियां ग़ौरतलब हैं :–

''वो जो अवशेष समेटते हुए बर्तन हैं,
अपने वजूद की बेबसी के प्रहसन हैं।
किसी ग़रीब मुलाज़िम को आईना बना,
बेबसी देख उसकी, वहाँ भी जन–मन हैं।''

श्री उपाध्याय के इस संकलन (परिस्पंद) की 'सत्य' कविता तो जैसे समय और सत्य का सनातन दर्शन है, जिसकी वास्तविकता से कवि ने समाज को संकेत भी दिया है और संदेश भी। उदाहरणार्थ, ये पंक्तियां दृष्टव्य हैं :–

''वक़्त के सामने कोई ग़रीब, कोई कुबेर नहीं,
आत्मा के सत्य में, कहीं कोई हेरफेर नहीं।
आसमान से ज़मीन यूँ तो, दिखती है दूर बहुत,
आसमान से ज़मीन पर, आने में मगर देर नहीं।''

इन दिनों मंचों पर कवि–सम्मेलन कम, 'कपि–सम्मेलन' ज़्यादा होते हैं। कविता के नाम पर चुटकुलों की चटनी चटायी जाती है और हास्य–रस की आड़ में फूहड़पन की फफूंद, श्रोताओं को परोसी जाती है। इस विकृति को देखकर जो वास्तव में कवि है, उसका मन आहत होता है। सुकवि श्री उपाध्याय ने 'पूरा सच' कविता में इस स्थिति को रेखांकित करते हुए, कविता की अस्मिता की भी अक्षुण्णता बनाए रखी है। उदाहरणार्थ, ये पंक्तियां देखिए –

''मंचों पर सजी दूकानदारी से
बेहतर हूं,

कम से कम अस्मिता सलामत है
भले कमतर हूं,
हास्य के नाम पर बर्बादी का
खूब जश्न सहा,
फटे क़ाग़ज़ पर सलाहियत से,
लिखी कविता ने कहा।

कविता, कल्पना की उड़ान ही उड़ान रहेगी तो वह संदेश नहीं दे सकेगी। कविता, सामाजिक सरोकारों को बिंबित करती हुई, संदेशवाहिका यात्रा होना चाहिए। श्री उपाध्याय की कविता इस कसौटी पर खरी उतरती है। प्रमाणस्वरूप प्रस्तुत है उनकी कविता 'क्या पता ?' की पंक्तियां –

"कौन किस धुन से बहल जाए, क्या पता ?
कौन कब गिरकर संभल जाए, क्या पता ?
ज़िन्दगी को यादों के सफर में रखिए,
कौन फिर कहां मिल जाए, क्या पता ?"

सामाजिक सरोकारों को लेकर श्री उपाध्याय की कविता 'सरोकार दिखना चाहिए' अपने आपमें आदमियत का अभियान है। प्रमाणस्वरूप, ये पंक्तियां उल्लेखनीय हैं –

"जवानी के स्वरों में अब हुंकार दिखना चाहिए,
दुकानें काफी नहीं, व्यापार दिखना चाहिए।
राजधानी राजपथ के समारोह तो हो चुके,
पगडंडियों से गुज़रती सरकार दिखना चाहिए।
अनुष्ठान, अभिषेक, पूजा–पाठ तो सब हो गए,
आत्मा से कर्म का अब व्यवहार दिखना चाहिए।
वक़्त, मेले और समारोह का कभी क़ायल नहीं,
आदमी से आदमी का सरोकार दिखना चाहिए।"

श्री उपाध्याय ने छोटी बहर के मुश्किल फॉर्मेट में 'आबरू ही

खबर में' बहुत गहरी (और चुभती बात भी) इस तरह कही है –

"आधुनिकता के सफर में,
आबरू ही है ख़बर में।
अर्थ श्रद्धा के फंसे हैं,
बुद्धि के निष्ठुर भंवर में।
गोद माँ की याद आई,
रेत पर फिर दोपहर में।
डर रही हैं भावनाएं,
याद के सुनसान घर में।"

कवि श्री उपाध्याय, मूलतः हरदा के निवासी हैं। 'हरदा' और 'माणिक वर्मा' पर अलग–अलग शीर्षक से उनकी कविताएं बेशक बेहतरीन दृश्यांकन हैं। सुप्रसिद्ध ललित निबंधकार श्री नर्मदाप्रसाद उपाध्याय को अपना यह प्रथम काव्य–संकलन (परिस्पंद) समर्पित कर कवि श्री निर्मल उपाध्याय ने क़लम का कर्म भी निभाया है और रिश्ते का धर्म भी। अपनी बेटियों और अनुज नरेन्द्र के प्रति उनके स्नेह में भी उनकी काव्योचित संस्कारशीलता परिलक्षित होती है। साहित्य शिरोमणि पंडित विद्यानिवास मिश्रजी का उल्लेख 'अपनी ओर से ....' में करके श्री निर्मल उपाध्याय ने उनके प्रति अपने समर्पण को ही सिद्ध किया है। दरअस्ल, श्री उपाध्याय की 'अपनी ओर से ....' लिखी बातों में मुकम्मल कविता के दर्शन होते हैं, इसलिए मैंने प्रसंगवश उसका भी ज़िक्र किया। यह ज़िक्र ज़रूरी था।

पुनः बात श्री उपाध्याय की कविताओं पर। 'दोहा' एक ऐसी विधा है जो सिर्फ तेरह–ग्यारह मात्राओं का गणित नहीं होता है, अपितु वह चेतना के खेत में चिंतन के बीज बोता है। इस नज़रिए से देखें तो श्री उपाध्याय दोहा–रचना में भी अपनी विशेषता सिद्ध करते हैं। प्रमाणस्वरूप, प्रस्तुत हैं ये कुछ दोहे –

"श्रद्धा की आवारगी, क्रूर मार्मिक दृश्य।
तेरी–मेरी सभ्यता, तेरे–मेरे सत्य।।

कई बार लगता है, सूना मन का गाँव।
बिदा हो गई बेटियाँ, झुलस गई है छाँव।।

सारांश यह कि श्री निर्मल उपाध्याय की कविताएं अपने प्रयोजन का सार्थक संयोजन हैं। विविधता के साथ सम्प्रेषणीयता इन कविताओं की शक्ति है। इसलिए आश्वस्त हूं कि श्री उपाध्याय का यह पहला काव्य–संकलन 'परिस्पंद' पाठकों को पसंद आएगा। शुभकामनाएँ!

❑ **अज़हर हाशमी**

स्थान : 32, इंदिरा नगर,
रतलाम (म.प्र.)
दिनांक : 17 / 12 / 2019

दो शब्द ....

'परिस्पंद' श्री निर्मल उपाध्याय की कविताओं का पहला संग्रह है। आश्चर्य है कि उनकी कविताओं के संग्रह पहले क्यों नहीं आए। शायद उन्होंने इसकी तरफ ध्यान नहीं दिया होगा। उनकी कविताओं में ताज़गी और खुशबू, सौंदर्य और संस्कार हैं।

यह संग्रह उनकी विविध कविताओं का गुलदस्ता है, जिसमें विभिन्न शैली की कविताएं संकलित हैं। तुकांत, अतुकांत, गीत, दोहे, ग़ज़ल, चतुष्पदी, क्षणिकाएं...आदि। ये कविताएं निर्मल जी के अनुसार – "समय के सत्य ने संवेदना को जब कभी स्पंदित किया, तब शब्दों का आसरा लेकर अभिव्यक्ति भी स्पंदित होती रही।" यह अभिव्यक्ति अलग–अलग क्षणों की रही, जिनमें जीवन के अनुभव, दर्शन, कठोरता और प्रेम की छवि है। इसमें कुछ रोमांटिक कविताएं भी हैं और कुछ के बारे में कहा जा सकता है कि वे कविता से बढ़कर बयान हैं।

कविता को बंधनों में नहीं बांधा जा सकता। निर्मल उपाध्याय जी की कविताओं को बिलकुल भी नहीं। इन्हें किसी तरह की परिभाषा में बांधने की कोशिश करना भी उचित नहीं होगा। न ही इन कविताओं को वर्गीकृत किया जा सकता है। हर शख़्स के लिए कविता का अर्थ अलग–अलग होता है। किसी के लिए कविता विचार है तो किसी के लिए प्रेम, किसी के लिए खुशबू है तो किसी के लिए प्रियतम से मिलन; किसी के लिए कविता आंसू है तो किसी के लिए मुस्कान; किसी के लिए कविता बसंत की बहार है तो किसी के लिए कड़कड़ाती धूप में ठंडी छांव; किसी के लिए कविता फुहार है तो किसी के लिए पतझड़ भी कविता है। इस संग्रह में हर किसी के लिए कुछ न कुछ हृदयस्पर्शी पंक्तियां अवश्य हैं।

इस संग्रह की कविताओं में कहीं अनुभवों की तल्खी है तो कहीं–कहीं अंतर की पीड़ा भी उभर कर आती है। कुछ कविताओं में रोमांस भी है, कहीं देश प्रेम के दर्शन भी होते हैं तो कहीं मन की बातें

खूबसूरत तरीके से प्रस्तुत हैं तो कहीं यथार्थ का चित्रण है : जैसे – 'भाव उजड़ते बाज़ारों के ग्राहक जैसे, मैंने घर पाया है गिरती दीवारों का'।

निर्मल जी का मानना है कि हार जीत मन का भ्रम पगले, और शिविरों में ठहरी आशाएं... सूखे वृक्ष रेत की राहें, थकन, तपन घुटती सांसें। उन्होंने लिखा है – खबरों में आज शब्द नहीं, स्याही है। इंसानियत की जहाँ मनाही है, कमज़र्फ़ उसी राह का राही है। एक कविता का भाव है – होते गए तर्क श्रद्धा के अनुचर, साधना सृजन हो गई। एक और सुंदर–सा प्रयोग किया गया है – शिविरों में ठहरी आशाएं, महलों का सम्मान कहां। एक ग़ज़ल का मतला है – बिखरने के लिए रेत के घर बनाते हैं, लोग बस्ती उजाड़ने के लिए बसाते हैं। देख कर दुनिया घर से निकलते ही नहीं, रोज कल्पनाएं ओढ़ते–बिछाते हैं।

निर्मल जी ने दोहे भी लिखे हैं या यों कहें कि 'दोहों' को 'सद्गति' प्रदान की है। इसमें उनका हास्यबोध ही नहीं, मारक तंज़ भी नज़र आता है और उनके दोहे ऐसे सुग्राह्य हो गए हैं जैसे हमने स्कूल में पढ़े थे। ऐसी ग़ज़लें भी संग्रह में हैं जो व्यवस्था, समाज, रिश्तों और भावनाओं पर चाबुक की तरह वार करती हैं। ये दोहे सदाबहार हैं और विविधता से परिपूर्ण ! इसी तरह गीत पढ़ते हुए कभी रूमानी और कभी रूहानी भाव जागृत होता है। बहुत सावधानी से शब्दों का वज़न तय किया गया है। यथार्थ की कड़ी ज़मीन भी 'बाबूजी' में पढ़ने को मिली तो 'दीपों के समारोह से लौट कर जब आओ तुम...' में कोमलतम भाव से साक्षात्कार होता है। सावन की बेरुखी और तितलियों के रंगों से भी नज़रें दो–चार होती हैं। इसी के साथ राजनैतिक और सामाजिक परिदृश्य भी कविताओं में चलचित्र की तरह आते–जाते हैं।

काव्य संग्रह में नए–नए मुहावरे भी रचे गए हैं। जैसे उम्र मुलजिम नहीं,.... प्यार कोई जुर्म नहीं,..... खत बंद लिफाफे में भी शर्माते हैं,.... जीतकर हारने का तमाशा है प्यार खट्टा–मीठा बताशा है,.... संविधान की सड़कें सरकारी होंगी.... एक और प्रयोग है – दुनिया यूं ही मुरीद नहीं होती, कोई दवा बेवजह मुफीद नहीं होती। खामोश झुनझुने का जिक्र भाव विह्वल कर देता है।

इन कविताओं में जीवन की तल्ख़ी के साथ–साथ अनुभव भी हैं। इन कविताओं को पढ़कर कवि के सम्पूर्ण व्यक्तित्व का एक अनुभव संपन्न कवि के भाव, शब्दों के प्रयोग में सादगी, भाषा का सौम्य रूप, छद्म क्रांति से दूरी, भविष्य की दृष्टि और जीवन के आसपास छवियां और रूपक इस संग्रह को और संपन्न बनाते हैं। इसे पाठकों का अच्छा प्रतिसाद मिलेगा, और शीघ्र ही निर्मल जी की उन कविताओं से भी साक्षात्कार होगा, जो उन्होंने पाठकों से छुपा रखी हैं।

❑ प्रकाश हिन्दुस्तानी

अनुक्रमणिका

मेरी कविता

दीप मालिका के आंगन का दीप नहीं मैं,
आयामों में जीने वाला गीत नहीं मैं,
भाव गीत हूँ अंतर्मन की लोक धुनों का,
राग रागिनी पर संवरा संगीत नहीं मैं।

दर्पण तक कुछ दृश्यों ने आना चाहा है,
कुछ सपनों ने अभिव्यक्ति पाना चाहा है,
गीत ग़ज़ल की गूढ़ विधाऐं मैं क्या जानूं,
प्रण में बस सुगन्ध ने ज्यों बसना चाहा है।

नागफनी के फूलों सा आलिंगन मेरा,
बूंद बूंद बिखरी कविता है दर्पन मेरा,
स्वाभिमान मैं दीप तले अंधियारों जैसा,
उखड़ी उखड़ी सांसों में अभिनंदन मेरा।

जुगनू सा बस साधों का संसार दिया है,
भावों ने बस शब्दों का उपकार जिया है,
मेरी तथाकथित कविता परिपार्श्व में,
भावों ने कुछ अर्थों का व्यापार किया है।

मंगल ध्वनि की मरघट में अभिलाषा जैसे,
सूखे फूलों से सुगन्ध की आशा जैसे,
यही व्याख्या मैंने जो कुछ गाया उसकी,
तुतलाते अबोध बच्चे की भाषा जैसे।

छद्म दृश्यों से कोई सरोकार नहीं है,
मेरी मौलिकता का बस आधार यही है,
तपती दोपहरी और चरवाहे की नियति,
मेरी कविताओं का बस संसार यही है।

पलकों से समेट लेंगे

मन, भक्ति को भेंट देंगे,
तृप्ति फिर भर–पेट लेंगे।

श्रद्धा की कहीं छाँह बता,
प्रण पल भर बैठ लेंगे।

लाज का वास्ता तो दे,
वो पल्लू उमेठ लेंगे।

ले चलें तपन शब्दों की,
गीतों पर उड़ेल देंगे।

तेरे आँसुओं का नमक,
पलकों से समेट लेंगे।

भरम भी प्रीत का तेरी,
सुगन्धों में सहेज लेंगे।

चल कुछ स्वप्न ज़िन्दगी के,
फुटपाथ पर बेच लेंगे।

विश्वास के नग्मे ले चल,
दृष्टि पर उकेर लेंगे।

आ गया खिलौना सच का,
ले चल बच्चे खेल लेंगे।

राम-नगरी

कहाँ केवट, कहाँ शबरी,
अब कहाँ वो राम–नगरी।

उम्र की सांझ तक देखी,
व्यथाओं की दोपहरी।

आ गई घरों तक कैसे,
फरेबों की बाज़ीगरी।

आस्था की नदी कैसी,
कहीं उथली, कहीं गहरी।

सदी की बेसुरी चीखें,
सभ्यता हो गई बहरी।

उम्र की सच्चाई देखी,
ज़िन्दगी फिर बड़ी अखरी।

बता अस्मिता पत्थर की,
रेत की तरह क्यों बिखरी।

आज कुछ सहमी सी लगी,
गली, जब घरों से गुजरी।

हो गए निर्वसन रिवाज़,
लाज आती नहीं ससुरी।

संदेह की नज़र अपनी,
कसौटी पर खरी उतरी।

आस्था दहशतज़दा कैसी?

आस्था दहशतज़दा कैसी?
तृप्ति मुसीबतज़दा कैसी?

आत्मा का वैराट्य परख,
प्रीत बिन प्रभु–कथा कैसी?

वेदान्त को बना दर्पन,
अन्यथा साधुता कैसी?

रामत्व ही तो करुणा है,
विद्वेष की फिर हवा कैसी?

मिल–जुल के अब श्रद्धा जी लें,
भक्ति में दुर्भावना कैसी?

कर्म पर प्रतिबद्धता कैसी?
वशीभूत साधना कैसी?

फ़रिश्तों की बारगाहों में,
नफ़रतों की दुआ कैसी?

प्यार को आईना बना,
परछाईं बेवफा कैसी?

आशीर्वाद ले संतों का,
संत–अस्मिता ज़रिया कैसी?

धन–कुबेरों के बाबा हो,
तुम पर प्रभु–कृपा कैसी?

आध्यात्म

ज्ञान का प्रण बदलियों के पास मिला,
केसर सा झरता हुआ विश्वास मिला,

सत्य जीवन का स्पंदित था बिछौने में,
चिंतना को जब भक्ति का सहवास मिला,

बुद्धि के विशाल महल सभी निर्धन थे,
आस्थाओं का वहाँ बस उपवास मिला,

नृत्य करती सी तेरी धड़कनों में,
अपनी साँसों का मुझे आभास मिला,

तेरे चित्रों के सामने खड़ा था जब,
मेरी आँखों में तेरा रास मिला,

तेरी भाव–भंगिमाओं के दर्पण में,
मेरी भावनाओं का मधुमास मिला,

सामने तो तू कभी आया ही नहीं,
आँखें जो बंद की तो आस–पास मिला।

वो धीमी रफ्तार का ज़हर था

वो धीमी रफ्तार का ज़हर था जिसे तुम इलाज समझे,
जिसने बर्बाद किया, तुम उसी को ग़रीब–नवाज़ समझे।

रोती रही एक मासूम बच्ची सड़क किनारे रात भर,
राहगीर उसे भीख मांगने का नया रिवाज़ समझे।

उसने तुम्हारी हैवानियत देख कर सर झुकाया था,
तुम उसे समर्पण के पहले का मामूली लिहाज़ समझे।

उसका महज़ अपना–पन था कि वो आया और लिपट गया,
महज़ कपड़े देख कर तुम उसे सर्दियों का मिज़ाज समझे।

नफ़रत का नया बाज़ार लगाया है, अब आप ही कहें,
वो इसी सिलसिले को कितना घना, कितना दराज़ समझे।

नज़र में रहने का दिखावा है आजकल तकलीफें भी,
मर्ज़ कोई था ही नहीं वो जिसे आप लाइलाज समझे।

उस मजबूर से तो पूछ, जिसने छिपा रखा है चेहरा,
कोई जिसे पर्दा कहे, और कोई जिसे रिवाज़ समझे।

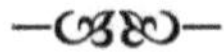

सभी सेवा-निवृत्त साथियों की प्रतिष्ठा में

सेवा–निवृत्ति के बाद भी ललक देखी,
शाख से गिरे फूलों में भी महक देखी।

इबादत दिखी, सेवा, संकल्प, समर्पण की,
सामने दर्पन के जब स्वयं की झलक देखी।

सेवा निवृत्ति के बाद फिर आस्थाओं में,
विरासत के लिए भी प्रणों में खनक देखी।

परस्पर स्नेह अब एकान्त का संबल होगा,
आत्मीयता की सचमुच दुर्लभ कसक देखी।

मैंने आज सभी साथियों की आँखों में,
नवल भोर की नवल अरुणिमा पृथक देखी।

किसी शक्ति–पीठ की दीपमालिका जैसी,
सभी के सरोकारों में फिर शफ़क देखी।

दीर्घ और दुरूह क्षणों में सचमुच मैंने,
आपकी मन छूने वाली सनक देखी।

—☙❧—

खो गई भोर ही

भोर ही खो गई ठंड और कुहासों में,
नग्मे गुम हो गए, गले की ख़राशों में,

छप्पन भोग के मालिक, सुकून देख ज़रा,
ग़रीब का दिल, टुकड़े, टुकड़े बताशों में।

वक्त को शुक्रिया कह दूँ, बाँटने के लिए,
छुट्टियों का नशा, नाना, नानी, नवासों में।

क्यों पूछते हो उससे मंज़िलों का पता,
ज़िन्दगी ही गुज़ार दी जिसने कयासों में।

उस संस्कार में खुदगर्ज़ी बता तो, जानूं,
कुलवधुओं ने जिया है जो उपवासों में।

छतनार दरख़्त की कथा पूछते हो, तो,
झाँक लो किसी बाप के एहसासों में।

वो जो मशहूर हुए थे आसरा बन कर,
रौशनी देख कर गुम हो गए लिबासों में।

अपने आप में ही सिहर जाना

मन पर स्मृतियों का उतर आना,
रंग मेंहदी का ज्यों निखर आना।

मुस्कानों की आप बीती है,
ओंठ पर आँसुओं का ठहर जाना।

अब तस्वीरों से सीखना होगा,
रंगों की मदद लेकर उभर आना।

प्रीत की पहली छुअन बताएगी,
गीतों का सरगम पर बिखर जाना।

काफ़िला चाहता है गुलाबों का,
पत्थरों के गाँव से गुज़र जाना।

तुझको भूल जाने का मतलब है,
अपने ही वजूद से मुकर जाना।

गुनाह से पहले सच आत्मा का,
अपने आप में ही सिहर जाना।

शायद मौत की ही आहट है,
आँखों में आँसुओं का मर जाना।

सुख़नवर मेरा

मुझसे अनजान है हुनर मेरा,
इन्साफ मुझसे बेख़बर मेरा।

नूर ही नूर है इस महफ़िल में,
क्यों खामोश है सुख़नवर मेरा।

रोज़ इंसानियत की नज़रों में,
ख़त्म क्यों होता रहा असर मेरा।

टूट गया वो महीन शीशे सा,
कभी पत्थर भी था जिगर मेरा।

चहकते पंछी का बसेरा है,
बस जाए पास ही शहर मेरा।

रौशनी तो है हर तरफ तेरी,
यक़ीन क्यों है दरबदर मेरा,।

क़दम मेरे हैं, आहटें तेरी,
मैं काफिला हूँ तू सफ़र मेरा।

अब भरम ही नहीं

नज़रिए कोई हम क़दम ही नहीं,
अपने पराये का भरम ही नहीं।

हो गए उनके स्वर बहुत ऊँचे,
वहाँ तक अपने सरगम ही नहीं।

वक्त के सिर–चढ़े प्रबुद्धों के लिए,
श्रद्धा, आस्था के परिश्रम ही नहीं।

दूर तक जंगल हैं, तृष्णाओं के,
आस्था के कहीं आश्रम ही नहीं।

प्रीत में उलझनें तो हैं लेकिन,
सुलझाने का कोई मन ही नहीं।

मना लिया आँचल को हवाओं ने,
अब कहीं शर्मीले सनम ही नहीं।

दिक़्क़त सरकारी नुमाइन्दों की,
श्रृंगार है मगर दर्पन ही नहीं।

बीत गया उत्सव फिर दीपों का....

सजा गया पर्व, दीप दर्पन में,
ठौर दिखे दृश्यों के मधुबन में।

बीत गया उत्सव फिर दीपों का,
उजियारे शेष हैं अंतर्मन में।

संवेदनाऐं नज़र आती हैं,
गीत सी मधुरिमा के बंधन में।

छोड़ गया त्यौहार भावों को,
शुभता–शुचिता के आलिंगन में।

अबके बरस कुछ पृथक ही रहे,
सुगन्धों के स्पंदन तन–मन में।

स्नेह की नई सी छुअन है अब,
भोर के नव–धवल आमन्त्रण में।

अगले बरस फिर लेते आना,
सुगन्धें मन के वृन्दावन में।

दृश्य अनुभूतियों के

आप स्मृतियों में आ गए,
ठौर मन के जगमगा गए।

निगाहें कोंपलों की उठीं,
पंछी, शगुन लेकर आ गए।

पता न चला वो जाने कब,
भीड़ में खुद को छुपा गए।

अब कहाँ सुगन्धें, वादियाँ,
स्वप्नों को शहर भा गए।

नदी कर्मों की भी देखिए,
पाप सब सतह पर छा गए।

पल, स्मृतियों के, पर्व पर,
दीप जैसे झिलमिला गए।

ब्याज की क्या बातें करें,
मूलधन ही जब खा गए।

इस दौर की कठिन रागिनी,
बेसुरे गवैये गा गए।

अपनी ही सच्चाई

खुद उतारते रहे आरती अपनी,
क्या सच्चाई क्या बाज़ीगरी अपनी।

ज़माना बहुत बदल गया है साहब,
क्या मसखरी क्या किरकिरी अपनी।

अपने जवान बच्चों की निगाहों में,
क्या खुद्दारी क्या बेचारगी अपनी।

उम्र की ढलानों पर सब बराबर हैं,
क्या जनवरी क्या फरवरी अपनी।

दूर आसमान में उड़ने वालों से,
क्या दोस्ती क्या बराबरी अपनी।

अमीरी के परिन्दों की उड़ानें हैं,
क्या घोंसले क्या बिरादरी अपनी।

नशा खुदगर्ज़ी का है सभी निगाहों में,
क्या पहचान क्या आवारगी अपनी।

अपना मंदिर भैया

मन को, मंदिर का दर्पन मानना 'भैया',
गर्द दर्पन की रोज़ बुहारना 'भैया'।

वो सपना जिसे संवारतीं रहीं सदियाँ,
उसे पलकों के सहारे उतारना 'भैया'।

मंदिर की मूर्ति का महज़ शिल्प भर नहीं,
राम के रामत्व को भी पुकारना 'भैया'।

प्रार्थनाओं से प्रण पूरे नहीं होंगे,
मन के विद्वेष को भी ललकारना 'भैया'।

याद रखना गवाह रहेगी वही सरयू,
सोच समझ कर सौगन्धें संवारना 'भैया'।

पत्थरों को तराशना भर काफी नहीं होगा,
पाँव संस्कारों के भी पखारना 'भैया'।

आपके संकल्पों से इतना निवेदन है,
कुछ पल आत्मा में भी गुज़ारना 'भैया'।

फैसला राम मंदिर का

इंसानियत का भी वास्ता लाए,
राम मंदिर पर जब फैसला आए।

सभी की भावनाऐं साथ लेकर,
सुकून का अब तो काफिला आए।

जिसके जलाल से वजूद ज़िन्दा है,
उम्मीदों का वही आसरा आए।

तहज़ीब का आईना दिखा देना,
जब भी रंजिशों का मामला आए।

ढूँढना इंसानियत में मज़हब को,
जब कभी नफ़रतों का फासला आए।

जलाल देखना है तहज़ीबों का,
आए तो प्यार का ज़लजला आए।

सूर, तुलसी, रसख़ान के दिलों तक,
अब तो पहुंचने का रास्ता आए।

उम्मीदें नशा नहीं होतीं

उम्मीदें कभी नशा नहीं होतीं,
चाहतें कभी ख़ता नहीं होतीं।

हर पल इम्तिहान तो होगा ही,
जबाबदारियाँ सज़ा नहीं होतीं।

अपने चलन, फ़र्ज को समझ पहले,
ज़िन्दगियाँ बेवफ़ा नहीं होतीं।

उलझे नज़रियों में मक़सद ढूँढो,
भीड़ कभी कारवां नहीं होतीं।

अपने ज़माने की पुरानी राहें,
अब मंज़िलों का पता नहीं होतीं।

ईमानदारी से आँसुओं में भी,
दिल की बातें बयाँ नहीं होतीं

स्वयंभू देवता भूल गए शायद,
घर की छतें आसमां नहीं होतीं।

भावनाओं की उड़ानों के लिए,
कुछ सीमाऐं दायरा नहीं होतीं।

वृंदावन घूम आओ फिर कहना,
पत्थरों में ज़ुबाँ नहीं होतीं।

वक़्त के निष्ठुर गद्दी-नशीनों में

क्यों ढूँढना उसे नगीनो में,
जो हासिल है महज़ पसीनो में।

ये कैसी प्यार की मुलाक़ातें,
पहले दिनों में फिर महीनों में।

जानते हुए भी फितरतें उसकी,
पालता रहा आस्तीनों में।

क्यों छुपाते हो नज़र से बचकर,
बारूद प्यार की ज़मीनों में।

क्या हया, दया, क्या अपनापन,
वक्त के निष्ठुर गद्दी—नशीनों में।

उम्मीदों का वजूद देखा है,
लहरों से जूझते सफीनों में।

मर्म में भक्ति का संतोष परख,
सूर तुलसी जैसे फ़कीरों में।

निर्वसन लम्हों का तमाशा है,
सदियाँ खड़ी हैं तमाशबीनों में।

—ଓଃଃ—

मशवरे

बरसात में निकलते रहिए,
मेघ का मन समझते रहिए।

बस, जहाँ इंसान बसते हों,
उस गली से गुज़रते रहिए।

अस्तित्व बताना ज़रूरी है,
बर्तनों से छलकते रहिए।

संस्कारों का तक़ाज़ा है,
पत्थरों में महकते रहिए।

आप ही की तरफ आँखें हैं,
निगाहों में खनकते रहिए।

महापुरुषों को हिदायत है,
दीवार पर ही सजे रहिए।

आज बरसना ज़रूरी नहीं,
आप तो बस गरजते रहिए।

कुछ भी मक़सद हो निगाहों का,
आप आईना बने रहिए।

सूखे दरख़्तों के पंछी हो,
शिक़ारियों से बचते रहिए।

आप वक़्त के अनुकूल नहीं,
गुरु की शरण में पड़े रहिए।

सकुचाए से गलियारे हैं

सकुचाए से गलियारे हैं,
फिर मुस्काते घर–द्वारे हैं।

कहीं नहीं बस, गुरूचरणो में,
अंतर्मन में उजियारे हैं।

साझा संस्कार का मतलब,
मंदिर, मस्जिद, गुरुद्वारे हैं।

भावों के गंधिल उपवन में,
गीतों के वारे–न्यारे हैं।

मन मछलियों के क्या जाने,
मछियारे तो मछियारे हैं।

स्मृतियों के आस पास ही,
अपनी गलियां चौबारे हैं।

कहां शिकायत करें भोर से,
आँखों में ही अंधियारे हैं।

ज़िन्दगियां लजा रही हैं

मंज़िलें रास्तों से खुद की,
ना–आश्नाई दिखा रही हैं,
फिर कारवां के अम्नो–अमां को,
रंजिशें आज़मा रहीं हैं।

सुनाई देती हैं लम्हा, लम्हा,
क्यों फसलों से मुझे सदाऐं,
तेरी वफाऐं, दुआऐं शायद,
कर्ज़ अपने चुका रही हैं।

उम्र की कुछ मदहोशियों को,
प्यार के नाम से ना पुकारें,
क्यों चंद लम्हों की ज़िन्दगी से,
ज़िन्दगियाँ लजा रहीं हैं।

जो बारिशों में रहीं सलामत,
वो धूप खाकर गिरी दीवारें,
इन्सानियत भी अमीर होकर,
खुद अपने ही घर गिरा रही हैं।

बेइख्तियारी है ज़िन्दगी की,
हैं गुमगस्ता वफा की राहें,
बिखर गए आशियां–ओ महफिल,
दहशतें मुस्कुरा रही हैं।

जिन्हें गवारा नहीं मोहब्बत,
वो आँसुओं की ज़ुबाँ क्या जाने,
ये खुद परस्तों की बस्तियाँ हैं,
खुद ही को खुद में छुपा रहीं हैं।

जो अश्क़ पीकर हर अजनबी को,
तसल्लियाँ दें, खुमारियाँ दें,
ये क़समें हैं अब तवायफों की,
जो बाँझ रह कर निभा रहीं हैं।

—ꕥ—

बेबस चलन

लम्हा दर लम्हा वक़्त का यही खुलासा है,
बेबसी मदारी है, ज़िन्दगी तमाशा है।

आँसुओं से भी फरेब देना आसान हुआ,
खुदगर्ज़ी ने इस तरह दिलों को तराशा है।

ज़िन्दगी, मजबूरियों के पुस्तकालय में,
फटे क़ागज़ पर कोने में पड़ी दिलासा है।

जिसे पाने के लिए आप होश खो बैठे,
वो छुअन घड़ी में तोला घड़ी में माशा है।

वो जो बनावटी मुस्काने हैं चेहरों पर,
दरअसल आवारा ज़िन्दगी की हताशा है।

वर्षों बाद अनायास आपका यूँ मिल जाना,
कीर्तन के प्रसाद का जैसे बताशा है।

दर्द ही दर्द न देख, प्यार, करुणा भी तलाश,
आँसू दर्द की ही नहीं आत्मा की भाषा है।

कैरी पत्तों की ओट छुप गई

स्मृतियाँ, स्पंदन सिरहाने रख गई,
व्यथा के फिर जैसे कान भर गई।

संवेदनाऐं संशय की बरसात में,
रेत के घरौंदों की तरह ढह गई।

दर्पण फिर बढ़ाता ही रहा बोलियाँ,
आँखें जब बेचते बेचते थक गई।

इमली की नज़र ना लग सके इसलिए,
कैरी सहमकर पत्तों की ओट छुप गई।

तू उन उम्मीदों से मांग ना ख़मीर,
जो पहले से ही कहीं ख़ाक हो गई।

आपकी आस्थाओं की निष्ठुर कथा,
कैसे ऊँची क़ीमतों पर भी बिक गई।

व्यापारी आँखें ठगी सी रह गई,
नींदें जब चूड़ियों के मोल बिक गई।

सावन

हृदय ने फिर फुहारों को आज़माया ही नहीं,
बचपन जैसा सावन लौट कर आया ही नहीं।

भावों पर अपनत्व की कोई दस्तक ही नहीं,
छत पर गोरैया नें घोंसला बनाया ही नहीं।

बहुत कमज़ोर हो गईं अब माँ की बूढ़ी नज़रें,
फिर कभी भींग कर चुपके से घर आया ही नहीं।

मैं अपने आप में ही गुम हूँ न जाने कब से,
भाई बहनों की मस्तियों ने जगाया ही नहीं।

वो घर द्वार कहाँ, कहाँ वो तुलसी वृन्दावन,
उम्र को समझदार होना रास आया ही नहीं।

आज का पुर–नूर चलन या वो अभावों का नशा,
कौन जीता कौन हारा, समझ आया ही नहीं।

खुद को समझदार समझने लगा हूँ दुनिया से,
तितलियों के रंगों ने जब ललचाया ही नहीं।

सावन की बेरुखी

गीत, आईनों में खिलखिलाया ही नहीं,
सावन संवेदनाओं तक आया ही नहीं।

न शोख़ हवाऐं, न मस्तियाँ दरख़्तों की,
कोंपलों का दामन छटपटाया ही नहीं,

न झूले मिले, न बाँसुरी की दीवानगी,
परिन्दों ने साँझ को उकसाया ही नहीं,

अमीरज़ादे भी दिलों के परेशान हैं,
क्वारियों ने प्रण आज़माया ही नहीं।

तिथि, पंचांगों से सावन का पता पूछा,
मौसम पर भरोसा काम आया ही नहीं।

कहीं भी ठहर कर ग़लत–सलत पता देना,
हवाओं का रुकना समझ आया ही नहीं।

त्यौहारों की थिरकन थकी थकी सी है,
मौसम ने फिर हौसला बढ़ाया ही नहीं।

जहाँ हमेशा नज़रें शादाब रहतीं थीं,
वो हसीन सा शहर नज़र आया ही नहीं।

सब कुछ लाजवाब है प्यारे

वक़्त का ऐसा कैसा हिसाब है प्यारे,
चेहरों पर अजीब सा शबाब है प्यारे।

वो जो विदूषकों सा दिखाई देता है,
उजड़े हुए गांवों का नवाब है प्यारे।

उसने मुखौटों में जी कर देखा, तो लगा,
उम्र में अभिनय का इंकलाब है प्यारे।

चिराग़ दिलों के, आँधियों में भी रौशन हैं,
प्यार का हौसला लाजवाब है प्यारे।

जायज़ कहो उनकी खूबसूरती का भरम,
आईना अभी जिनका ख़राब है प्यारे।

ज़िन्दगी आज के ज़माने की लिखावट में,
भ्रम के अर्थों में सजी क़िताब है प्यारे।

सुगन्धें भी आजकल सहमी–सहमी सी हैं,
अब इतना हवाओं का दबाव है प्यारे।

धड़कन हूँ मैं

तू केवल जिस्म है तेरी धड़कन हूँ मैं,
तू काफिला है मगर तेरा चलन हूँ मैं।

ख़ौफ़ज़दा निगाहों की पहरेदारी में,
मुस्कुराहट बाँटता हुआ बचपन हूँ मैं।

तेरी फिसलनों की ज़मीन से दूर बहुत,
उड़ती पतंगों की मस्ती का गगन हूँ मैं,

जबसे नास्तिक बताया गया मुझको,
मौन बच्चों को हँसाने का जतन हूँ मैं,

ठोकरें शर्मिन्दगी की फिर बताती हैं,
भगतसिंह के सपनों में जिया वतन हूँ मैं,

चिथड़ों में ही गुज़र गई ज़िन्दगी जिसकी,
उसी की लाश पर सजा नया कफ़न हूँ मैं।

आज भी इंसानियत के भग्न मंदिर में,
ग़रीबों के आँसुओं का आचमन हूँ मैं।

संदर्भ बदल गए

हो गईं वाचाल जब खामोशियां,
कारगर साबित हुई मदहोशियां।

प्रीत भी लगने लगी है बोझ सी,
अब कैसी वादियां अंगड़ाईयां।

हो चुके आज़ाद सत्ता के शिखर,
तलहटी में खो गईं कुर्बानियां।

जिन हौसलों पर ढलानों पर चले,
दे गईं धोखा वही बैसाखियां।

पेड़ों के सूखे हुए अस्तित्व की,
क्या हवा, छांह क्या परछाईयां।

आंख से उनकी झलकते क्रोध में,
दिख रही हैं प्रीत की चिंगारियां।

उम्र को देंगी छुअन मधुमास की,
भावों में गूंजती शहनाईयां।

बुनियाद, पत्थर, फिर इमारत होगी

मंज़िलों के लिए वही कवायद होगी,
बुनियादें, पत्थर फिर इमारत होगी।

मुस्कुराती तस्वीरें उकेरता है,
मजबूरों की खुद से बग़ावत होगी।

सूखे पत्तों पर फिर अधखिले फूल मिले,
कहीं नन्हे बच्चों की शरारत होगी।

गिरते रहे लेकिन ज़ख्म कहीं न मिले,
यूं लगा पत्थरों की शराफत होगी।

बेवजह प्यार मुलाकातों का सबब,
शायद अमानतों में खयानत होगी।

दिलों में महफूज़ है रिवाज़ में नहीं,
बुजुर्गों की ही कोई कहावत होगी।

फालतू क़ाग़ज़ों को सलामत देखा,
बेरोज़गारों की हिफाज़त होगी।

गुलाम नहीं जम्हूरियत भी नहीं

मिल्क़ियत भी नहीं, वसीयत भी नहीं,
काम आऊँ वो शख्सियत भी नहीं।

ये राजनीति का मंच है यारों,
नामदार भी क़ाबिलियत भी नहीं।

यूँ बताते हैं गांवों के ठाकुर,
गुलाम नहीं, जम्हूरियत भी नहीं।

मध्यमवर्गीय परिवार का जीवन,
समर्थ भी दिखूं हैसियत भी नहीं।

धर्म के नाम पर हक़ीक़त ऐसी,
फरिश्ते नहीं, इन्सानियत भी नहीं।

ज़िन्दगी हुई तेरी बशर ऐसे,
चिकित्सालय की सहूलियत भी नहीं।

अब उजालों से क्या पता मांगें,
रसूखदार भी वल्दियत भी नहीं।

दिन धूप के

साधुओं का प्रण हुए दिन धूप के,
कुलवधू के व्रत हुए दिन धूप के।

सांझ को जैसे हवा समझा गई,
अब हठीले हो गए दिन धूप के।

सांझ जैसे हो थकन मजदूर की,
भूख के तेवर हुए दिन धूप के।

वृक्ष के बनवास कोयल ने जिए,
छांह में ठहरे हुए दिन धूप के।

पनघटों की लाज फिर लुटने लगी,
गाँव के ठाकुर हुए दिन धूप के।

ब्याह बेटी का ग़रीबी द्वार पर,
बाप की चिन्ता हुए दिन धूप के।

राजनीतिक आचरण जैसे लगे,
रेत के मैदान पर दिन धूप के।

खेत बंजर सह रहे जनतंत्र से,
ज़ख्म पर तेज़ाब से दिन धूप के।

शोख़ चढ़ती उम्र जैसे भा गए,
गुलमोहर पर आजकल दिन धूप के।

हाथों में भ्रम का दर्पण है

हाथों में भ्रम का दर्पण है, आशाऐं अभिनंदन की,
नागफनी की क्यारी में ज्यों सौगन्धें आलिंगन की।

लगे सीखने गीत क़फ़स में पंछी को परवाज़ भुला,
मन को छलकर चेहरों ने की व्यक्त कथा अपनेपन की।

ऋतु के शिल्प पैरों ने दी, आहट यादों के आंगन,
भावों का उल्लास कि जैसे गोद भराए दुल्हन की।

जले पांव जब कभी रेत पर सूने एकाकी तट पर,
याद आ गई घर की देहरी, दादी के संग बचपन की।

बजा सपेरे एक बार फिर बीन वही छलने वाली
जाने किस नागिन के मन में चाह जगी हो बन्धन की।

जगे नेह के स्वप्न नयन में ऐसे फागुन के पहले,
त्यौहारों पर आंगन आंगन गंध उड़े ज्यों चंदन की।

गीतों की ऊंगली थामे फिर चली गंध अमराई से,
लगी बांचने कथा फगुनहट क्वांरी के मनभावन की।

रिश्तों की लावारिस लाशें लेकर ज़िन्दा आंखों में,
चले ढूंढने ठौर प्रीत के अभिलाषाएं स्पंदन की।

बच्चे बड़े हो गए शायद

क़द में लम्बे हो गए शायद,
बच्चे अब बड़े हो गए शायद।

घर में ही हाशिये पर हैं वो,
पिछले पन्ने बिखर गए शायद।

उतर गए स्वर पायदानों से,
सभी सरगम बदल गए शायद।

नीड़ में अब उदास हैं पंछी,
दरिया की बेरुखी है शायद।

दिखाने लगे हैं अक़्स धुंधला,
आईने शरमा गए शायद।

सौगन्धें बाँटने वाले थे,
आज खुद से लजा गए शायद।

जो गगन सा गुरूर रखते थे,
मोम जैसे पिघल गए शायद।

न आसमां, न ही ज़मीन अपनी,
हवा के ऋणी हो गए शायद।

शहंशाह हैं विकल्पों के अभाव में

तंत्र है मजबूरियों के प्रभाव में,
शहंशाह हैं विकल्पों के अभाव में।

जनतंत्र नहीं कांधे पर सलीब है,
क्या हार क्या जीत अब चुनाव में।

भाषणों सिद्धांतों में फर्क भूलकर,
शेष अब शब्द नहीं अपने बचाव में।

कुछ यादें साथ रख, काम आएंगी,
कभी तुझे पीड़ा के रख–रखाव में।

किनारे पर पहुंचा मगर देरी से,
कुछ भंवर भी थे नदी के घुमाव में।

वक़्त का तकाज़ा है ये ध्यान रहे,
ज़िन्दगी ना रहे खुद के दबाव में।

सत्ता के लालच में इतना भी न गिर,
पूजा न कर राजनीतिक दबाव में।

भोर के स्पर्श से डरना नहीं

कोई कुछ कहता रहे सुनना नहीं,
आईना हो साथ फिर डरना नहीं।

ठोकरें आव्हान देती हैं सुनो,
प्रीत के मरुथल में अब गिरना नहीं।

पीड़ा का बोझा लिए जब भी चलो,
कोई भ्रम लेकर कहीं रुकना नहीं।

पत्थरों के गांव रिश्ते बस गए,
अब कोई आशा कोई सपना नहीं।

व्यथित यादों ने लिखा है मर्म पर,
भावना के गांव अब रहना नहीं।

बदल रहीं परिधान अस्मिताऐं,
फिक्र है कि क्यों कोई परदा नहीं।

क़रीबी रिश्तों के दायरे देखे,
यूं लगा जैसे कोई अपना नहीं।

दरख़्तों की साधनाऐं क़ाफ़िलों को क्या पता...

दरख़्तों की साधनाऐं क़ाफ़िलों को क्या पता,
कौन साथी कौन दुश्मन रास्तों को क्या पता।

आपकी ही आस्था में देवताओं के शिल्प हैं,
आपके भावों का दर्शन पत्थरों को क्या पता।

फिसलनों को दोष न दो खुद के गिरने के लिए,
आपकी नज़रें कहां थीं फिसलनों को क्या पता।

रात भर अंगड़ाईयां फिर जश्न में डूबी रहीं,
बिस्तरों की आपबीती करवटों को क्या पता।

आप अपने बाद क्या छोड़ेंगे ये भी सोचना,
पूर्वजों के कर्ज़ नन्हें वारिसों को क्या पता।

आप ही तौलें लक्ष्यों के लिए अपनी आस्था,
आपकी साधना की सीमा, सिद्धियों को क्या पता।

वो तो चलती है सभी की ज़िन्दगी के वास्ते,
रंग, रूप, देश, क़द—काठी हवाओं को क्या पता।

क्यों चमत्कार के लिए भगवान ढूंढें

भक्ति में अस्तित्व का स्वाभिमान ढूंढें,
आओ करुणा में समय का गान ढूंढें।

बंजरों के लिए क्यों खलिहान ढूंढें,
पहुंच कर मेलों में क्यों सुनसान ढूंढें।

सामर्थ्य की ही साधनाऐं उपलब्धि हैं,
क्यों चमत्कार के लिए भगवान ढूंढें।

आत्मा की स्पष्ट परछाईयाँ दिखेंगी,
त्याग में ही तृप्ति जब समाधान ढूंढें।

समीकरण देवत्व का तब स्पष्ट होगा,
आस्थाऐं, कर्म में जब सम्मान ढूंढें।

चिंतना की दिशाऐं, तब पथ–भ्रष्ट होंगी,
देवता के शिल्पों में जब विज्ञान ढूंढें।

श्रद्धा नहीं वह मर्म की आवारगी है,
प्रार्थना के संकल्प जब प्रतिदान ढूंढें।

दृश्य गीतों के मधुरिमा गा सकेंगे,
भावनाऐं जब नियति में उपमान ढूंढें।

श्रद्धांजलि

वह निश्छल दृष्टि, कृतित्व–धर्म का प्रण विशाल,
निष्णात, कर्म, साधुता का अपराजेय भाल,
वह दिव्य क्षितिज गंतव्य–पथों का था अमोल,
परिस्पंद हृदय की क्या सीमा क्या तोल मोल।

मानवता के मर्म तीर्थ का निश्छल प्रहरी,
निष्काम साधना समतल, उथली ना गहरी,
व्यस्त नित्य पद प्रक्षालन में उजियारों के,
सिद्ध रागिनी सा था जो वाणी पर उतरी।

सत्य निष्ठाओं की दीप मालिकाओं जैसा,
संस्कारों की दिव्य अट्टालिकाओं जैसा।
प्रशांत दीप सामाजिक सरोकार का वह,
संशय रहित मन वह स्फटिक शिलाओं जैसा।

कृत–संकल्प राहगीर की परछांई सा,
बहता ही रहा निरंतर पुरवाई सा,
क्षमताओं के शीर्ष श्रृंग का धावक था वह,
निष्कलंक आस्थाओं की वह तरुणाई सा।

वह आत्म–अनुष्ठान करता सा भावों में,
आरती मंत्र सुनाता सा विश्वासों में,
आशाओं के अभिषेक वाणी पर उसके,
शुचिता सा था वह निर्विच्छिन्न प्रथाओं में।

क्षण, स्नेह के उसके जैसे सदियां हैं,
दुर्गम पथ पर लक्ष्यों की बस अनुकृतियां,
छोड़ गया वह सजल नयन में बीते पल छिन,
आज दूर तक बस स्मृतियां ही स्मृतियां हैं।

प्यार को आईना दिखाने वाले.....

कहां हैं सदी के प्रण जगाने वाले,
आईनों को स्व–धर्म बताने वाले।

वो मेरे गीत थे और रहेंगे भी,
प्यार को आईना दिखाने वाले।

आओ, उठाना है आवारा लाशें,
कहां हैं खुशबुओं में नहाने वाले।

सितारों की बसाहट में कहां ढूंढें,
इन्सान को इन्सान बुलाने वाले।

आओ बुत ही मान लें पत्थर जैसे,
कहां हैं पत्थर को जमाने वाले।

गुमनामी की बहती हुई स्याही से,
गीत मेरे ही मिले धुलाने वाले।

शहर मुर्दों का है तुम क्यूं परेशां हो,
मरघटों की दीवार बनाने वाले।

कहां है सल्तनत तेरे उसूलों की,
रोज़ भ्रमों का हरम सजाने वाले।

बांझ रातों की भी आओ गोद भरो,
भोर की मर्दानगी जताने वाले।

देवता इन्सान को पहचान लें.....

भोर को आओ आंखों में आंज लें,
अपने संकल्प को स्वयं ही जांच लें

हम गुलामी की विरासत वो नहीं,
ज़िल्लतें जो सादगी से बांच लें।

नूर लौटेगा तभी ईमान में,
जब ग़रीबी की तपन से आंच लें।

साफ हों सत्ता के शिखर, अब इसलिए,
राजनीतिक व्याकरण को मांज लें।

ज़िन्दगी खुद्दारी जिए अब इसलिए,
वक़्त की कसमें कफन से बांध लें।

तुम हिमालय को गिरा देना मगर,
गिरेगा जिस जगह वो भी आंक लें।

बादशाहत है कबीरा की यहां,
देवता इन्सान को पहचान लें।

कुछ प्रतिमान

आँखों ने ईमान आँजा,
दर्पन ने तभी सत्य बाँचा।

शिवत्व है आत्मा अपनी,
वहाँ कौन रंक कौन राजा।

भक्ति ने अपना अंतर्मन,
कई कसौटियों पर मांजा।

सच कहे जहाँ रूह अपना,
कभी उस बारगाह आ जा।

छोड़ कर दर्द और कुछ भी,
कभी मुझसे न हुआ साझा।

झूठ वक्त की निगाहों का,
उम्र ने क़दम क़दम जाँचा।

ख़ुदगर्ज़ियों की महफ़िल में,
कौन हीर कौन सा राँझा।

सरोकार दिखना चाहिए

जवानी के स्वरों में, अब हुंकार दिखना चाहिए,
दुकानें काफी नहीं व्यापार दिखना चाहिए।

क़ागज़ पर नहीं समय पर आकार दिखना चाहिए,
तैराक हो तो हमेशा मझधार दिखना चाहिए।

राजधानी राजपथ के समारोह तो हो चुके,
पगडंडियों से गुज़रती सरकार दिखना चाहिए।

अब नज़र में अतीत का स्वाभिमान दिखना चाहिए,
तेरी फौज में सभी सरदार दिखना चाहिए।

अनुष्ठान, अभिषेक, पूजा पाठ तो सब हो गया,
आत्मा से कर्म का अब व्यवहार दिखना चाहिए।

वक़्त, मेले और समारोह का कभी क़ायल नहीं
आदमी से आदमी का सरोकार दिखना चाहिए।

कुछ ऐसा भी कर उसमें, कि वो बीता सा ना हो,
इन गुज़रते क्षणों पर कुछ संस्कार दिखना चाहिए।

आईना लोकतंत्र का तुम जब भी सामने रखो,
कर्तव्यों के साथ ही अब अधिकार दिखना चाहिए।

—०३६०—

अश्रु तो फिर अश्रु हैं....

प्रण आचमन करेंगे ही,
अश्रु तो फिर अश्रु हैं झरेंगे ही।

पद्चिन्हों से सौभाग्य के,
विधान बनते रहेंगे ही।

हम उनके आशीर्वाद से,
पात्र भिक्षा के भरेंगे ही।

आपकी बनाई भूमि पर,
शहर तो अब बसेंगे ही।

क्षण की गोद में श्रद्धाशिविर,
ठौर ठौर अब लगेंगे ही।

नयन आपके देवत्व का,
नित्य चित्रांकन करेंगे ही।

व्याकरण समझ कर आपकी,
भाग्य भाषा के जगेंगे ही।

बदलते संदर्भ

चढ़ा था दिल में जो मौजू होकर,
उतर गया आँख से आँसू होकर।

दलित, सवर्ण वजूद खेलते मिले,
सत्ता के हाथ में तराजू होकर।

यक़ीन साथ तो है मेरा लेकिन,
जिस्म से कटी हुई बाजू होकर।

उन्हें मजबूरियों की दीक्षा थी,
तीर्थों पर जो मिले साधु होकर।

क़ाबलियत के कुछ मखमली सपने,
दफ्तरों में मिले अब बाबू होकर।

सच है उम्मीदों की उड़ानों का,
शिक़स्त ही मिली बेक़ाबू होकर।

ज़िन्दगी, सागर थी, सागर ही रही,
उम्र रह गई मगर टापू होकर।

निश्चिंत रहो

उम्र का फन, ज़ोर आज़माएगा, निश्चिंत रहो,
वक्त भी माफ़िक नज़र आएगा, निश्चिंत रहो।

प्यार के क़र्ज़ में डूबा है, नहीं भटकेगा,
दीप भोर तक जगमगाएगा, निश्चिंत रहो।

पाखंडियों की भीड़ देखकर क्यूँ चिंतित हो,
सत्य तो सुगन्धों सा महकाएगा, निश्चिंत रहो।

खुशफहमियों में वो ज़िन्दा है तो रहने दो,
दर्पण को नहीं बहका पाएगा, निश्चिंत रहो।

सभी लगते हैं इस माहौल में सहमे, सहमे,
अपना अतीत रास्ता बताएगा, निश्चिंत रहो।

सरहदों को आवाज़ तो लगाने दो यारों,
आकाश ज़मीन पर उतर आएगा, निश्चिंत रहो।

आपका शौक है तो मुखौटे बदलते रहिए,
रंग आँसुओं का नहीं बदल पाएगा, निश्चिंत रहो।

बाबा

नूर ही नूर नज़र आना कमाल है 'बाबा',
आपके अतीत का अच्छा जलाल है, 'बाबा'।

ग़रीबी बनाए रखना भी तो ज़रूरी है,
भुख–मरे जिस्मों पर हुस्न का सवाल है 'बाबा'।

पूरी अमीरी जी कर आया हूँ महफ़िल से,
बस अपनी खुद्दारी का मलाल है 'बाबा'।

महापुरुषों के पंडालों में जो हलचल है,
आस्थाओं का राजनीतिक धमाल है 'बाबा'।

नहीं कर पाओगे साफ उसे आसानी से,
ग़रीब घरों की होली का गुलाल है 'बाबा'।

संवेदना की गलियों में सफर यादों का,
वहाँ पहले जैसा ही हालचाल है 'बाबा'।

मांग करते हो नई पीढ़ी से संस्कारों की,
जुगनू से उजाले लेने का ख्याल है 'बाबा'।

हवाऐं जब सताती हैं

कोंपलें बहक जातीं हैं,
हवाऐं जब सतातीं हैं।

इन दिनों रेतों पर भी,
कश्तियाँ तैर जातीं हैं।

क्यों अधखिले फूलों की,
पंखुड़ियां बिखर जातीं हैं।

फूलों में सुगन्धें नहीं,
तितलियाँ मन चुरातीं हैं।

प्रीत का हौसला पाकर,
मेंहदी निखर आतीं हैं।

पुरवाईयों के संग संग,
स्मृतियाँ गुज़र जातीं हैं।

क़रिश्मा तो खुदा का है,
ज़िन्दगियाँ दिखातीं हैं।

प्यार की शर्तें सुनकर,
वादियाँ मुकर जातीं हैं।

दूर उड़ती हुई पतंगें,
प्रीत सी नज़र आतीं हैं।

कटु सत्य

किसी मासूम को चीखों का मुआवज़ा देकर,
आप शिद्दत से सियासत को भुनाते रहिए।
छीनकर रौशनी आंखों से संस्कारों की,
बस सुबह होने का एहसास कराते रहिए।।

ये राजपथ है अमीरों की बस्तियां हैं जहां,
अपने इतिहास ने ग्लानि से खुदकुशी की है।
जुर्म के साये में हम पालते रहे हैं सुकून,
दया तो दिखती है लेकिन वो बेबसी सी है।

यूं तो हर सिम्त दिखाई देती है रौशनी रौशन,
फिर भी ज़िन्दगी के अक्स साफ नहीं दिखते हैं,
है स्याह रात की मेहमान जैसे तन्हाई,
अब तो जुगनू भी यहां भोर लिए फिरते हैं।

गौर से देखा जो इंसानियत के दर्पन में,
बड़े बेनूर मेरी आबरू के चेहरे थे,
मेरे लिबास के पैबन्द थे पहचान मेरी,
वरना कई घाव ज़िन्दगी के बहुत गहरे थे।

हमने बगिया की हिफाज़त कुछ इस तरह की थी,
काफिले खुशबुओं के द्वार से ही लौट गए,
खुशनुमा घर हो और ख्वाब भी सतरंगी हो,
ये कसम आईनों ने ली ही थी कि टूट गए।

अब यहां थाह शुरु होगी किनारे से ही,
पार कैसे हो मझधार सोच कर आना,
धूप की आंधियों का सामना करना है अभी,
माँ के आँचल से पसीनों को पोंछ कर आना।

—ଓଃ—

चाह पत्थरों की

तू और मैं नामदार हों बस,
ऐसी कोई युक्ति बता,
भले न कुछ भी आए जाए
तू तो बस दूकान सजा।

साहित्यकारों की पूछ परख है,
कुछ तो करना होगा,
मेरे घर पर शायर लिखवा दे,
तू गीतकार बन जा।

नया तंत्र गढ़ने निकले हैं,
भूखे, नंगों की खातिर,
मैं तुझे कहूंगा गूँगा,
तू मुझे बता देना बहरा।

जहाँ दीप में बाती ना हो,
उस आँगन का सत्य बता,
मैं शहंशाह मानूँ खुद को,
तू खुद को मेरा वज़ीर बता।

कौन प्रमाण पत्र देखता है,
कर घोषित खुद को साधू,
नया तिलस्मी पीठ बना कर,
मैं थामूंगा धर्म–ध्वजा।

तू हो जा अँधे की लाठी,
विधान बनूँ मैं पगलों का,
तेरे मेरे लिए वक्त ने,
शायद यही विधान रचा।

अपन राह के पत्थर ठहरे,
ठोकर ठोकर भाग्य जिया,
अब पारस पत्थर सा भ्रम जी लें,
इतनी अपनी राम–कथा।।

वसुधैव कुटुम्बकम्.....

"वसुधैव कुटुम्बकम्" सी कहीं इबादत न मिली,
गंगा–जमनी तहज़ीब जैसी विरासत न मिली।

यूं तो वक़्त बदला हालातों ने रुसवाई भी की,
मगर ईमान सच्चाई में बनावट ना मिली।

तुम्हारी श्रद्धा की ज़मीन के बहुत नीचे से,
शिलालेख मिले मगर कोई इबारत ना मिली।

तेरे एहसासों के जंगल में घूमकर देखा,
वीरानियां सन्नाटे थे बसाहट ना मिली।

मेरे मखमल के धागों सी बुनावट ना मिली,
हिन्दुस्तानी दिलों सी कहीं सजावट ना मिली।

काशी हो, वृन्दावन हो या फिर रामेश्वरम्
संवेदनाओं की ऐसी कहीं इमारत न मिली।

मुझे इन्सानियत का हर सबक सिखाने वाली,
दादी की ज़िन्दगी सी कहीं कहावत ना मिली।

अनेकों सभ्यताएं मिलीं मग़र मेरे जैसी,
संवेदना पर उकेरी हुई लिखावट ना मिली।

प्रीत की अंजुरी में

प्रीत के धन सघन हो गए,
स्वप्न सब उपवन हो गए।

प्रीत की अंजुरी में सपन,
याद के आचमन हो गए।

बुद्धि की लाश पर जो सजे,
गीत ऐसे सुमन हो गए।

रेशम सी भोर, गुलमोहर,
उम्र के आकलन हो गए।

प्रीत के हाट में हम सभी,
डूबते मूल–धन हो गए।

रूप की है नुमाइश यहाँ,
आप तो अपशगुन हो गए।

आस्था, आत्मा, भावना,
राजनीतिक चलन हो गए।

धर्म के द्वार पर हम सभी,
रक्त रंजित नमन हो गए।

मोर सी नाचती है व्यथा,
मेघ जैसे नयन हो गए।

क्यों हमें भींगते देखकर,
शोख उनके नयन हो गए।

–◦◦–

आँच से है क्यों शहर अनजान सा

कर्म का संकल्प हो दिनमान सा,
संस्कारों में रहे प्रतिमान सा।

प्रीत का रंग फिर से हो गया,
गीत के कुछ चंपई उपमान सा।

आस्था को दिखाओ आईना,
मन गोकुल में रहे रसखान सा।

भावना को शिल्प रिश्तों का मिला,
हाट की उजड़ी सी दूकान सा।

छू गया मन को झोंका याद का
क्वारियों की मदभरी मुस्कान सा।

गर्म है अब भी शहीदों की चिता,
आंच से शहर मगर अनजान सा।

एक मंदिर गांव में ऐसा बने,
देवता जिसमें रहे इन्सान सा।

सूखकर पत्ता गिरा है शाख से,
दफ्तरों के द्वार पर ईमान सा।

कर्म के धर्म से मत डरो

कर्म के धर्म से मत डरो,
आस्था के नए अवसरों।

नर्मदा के नवल शिल्प से,
अब तो शंकर बनो प्रस्तरों।

अब निबन्धों में आकार लो,
हृदय में जिए अक्षरों।

मर्म पाषाण का भी सुनो,
रेशमी डोर के बुनकरों।

और अब मत दिखाओ हुनर,
धर्म के द्वार पर तस्करों।

दंश भ्रम का न दो मर्म को,
प्रीत के घर पले विषधरों।

मन को देना मृदुल छुअन,
अब सृजन के नए अवसरों।

कभी क्षितिज के वास्ते शाम नहीं ढलती

बैठकर नाव में गहराई नहीं दिखती,
ज़िन्दगी कभी परछाईं में नहीं मिलती।

प्रीत है वहां मदहोशियां तो होंगी ही,
पुरवाई बगिया लांघकर नहीं चलती।

ज़मीन आसमान ही शाम तक ठहरेंगे,
कभी क्षितिज के वास्ते शाम नहीं ढलती।

माँ अपने बच्चे को नहीं बहला पाई,
सौगन्ध कहीं आसानी से नहीं पलती।

रूप उसी का फिर उसी से नहीं संभला,
मजबूरी कभी अपने हाथ नहीं मलती।

त्यौहार का रंग निखरे या ना निखरे,
यहां किसी को किसी की कमी नहीं खलती।

आदमी अब तेरी सूरत की नक़्क़ाशी,
मेरे किसी फनकार से अब नहीं बनती।

आस्था के दीप तो निष्कंप हो जलते रहेंगे

दृष्टि के प्रतिमान चाहे रंग बदलें ढंग बदलें,
आस्था के दीप तो निष्कंप हो जलते रहेंगे

द्वार पर जैसे भ्रमों के अनवरत् से रतजगे हैं,
प्रश्न चिन्हों के प्रणों पर दूर तक पहरे लगे हैं,
संशयों के तिमिर ओढ़े चेतना निश्चिंत जैसे,
हैं किनारे दूर, चिंतन भंवर में गहरे फंसे हैं।

भावना के पाश में प्रसंग अब बदलें ना बदलें,
समय के आव्हान समय के साथ तो चलते रहेंगे।

रास्ते हैं बस तिरोहित लक्ष्य तो अपनी जगह है,
भटकनों के दायरे तो स्वयं अपनी ही वजह हैं,
वीरान पथ पर रौशनी की साधना कुंठित द्रवित,
क्यों तृप्ति के महासागर की यहाँ उथली सतह हैं।

नियति के उपमान, गीतों से भले संभलें ना संभलें,
भावना में शब्द अपना भाग्य तो चुनते रहेंगे।

गंध का व्यापार पुरवाईयां करती रहेंगी,
प्रेरणाऐं कर्म का आधार तो बनती रहेंगी,
मौन व्रत तुम्हारी अस्मिता तोड़े ना तोड़े,
जिजीविषाएं, प्रार्थना के मंत्र सी पलती रहेंगी।

स्वयं अपनी नियति प्रस्तर भीड़ में जाने ना जानें,
प्रस्तरों में देवता के शिल्प तो ढलते रहेंगे।

—☙—

श्रद्धा शक्ति नियामक है

श्रद्धा शक्ति नियामक है,
निर्विकार मन साधक है।

मन के उत्कृष्ट शिल्प की,
करुणा बस अभिभावक है।

श्रम लेखन लक्ष्य गीतिका,
प्रण केवल निष्पादक है।

रहें वसन, विष आराधक
मन तो गरूड़ उपासक है।

पुरस्कार कर्म बनेंगे,
चिंतन तो बस धावक है।

आशाओं अवसादों का,
जीवन सत्य कथानक है।

अतृप्ति का भाव आपकी,
निष्ठाओं का मानक है।

बनो चिर-नवल कथा जैसे

बनो चिर–नवल कथा जैसे,
भाव प्रवण कविता जैसे।

श्रद्धा प्रसून खिले हृदय में,
गुरु की नित्य कृपा जैसे।

स्वर माधुर्य लिए वाणी,
गुंफित प्रण माला जैसे।

गंतव्य–पथ के अनुष्ठान,
कर्तव्य–निष्ठ दृष्टा जैसे।

मकरंदों में भ्रमर गीत,
आसक्ति, भक्ति, तृष्णा जैसे।

पल्लव किसलय के नव–प्रसंग
हैं वात्सल्य–क्षुधा जैसे।

आस्थाओं के निविड़ नीड़,
निष्प्राण धवल शिला जैसे।

तुम्हारे नेह–पाश क्यों,
बूढ़ी तृप्त प्रथा जैसे।

भावों को उपमान ना दो,
श्रांत क्लांत निशा जैसे।

आओ सांझ की ओट लिए,
क्षणभंगुर दीप शिखा जैसे।

शुचिस्मित हो गए.....

दरिद्रों से जब द्रवित हो गए,
संकल्प सब शुचिस्मित हो गए।

साधनाऐं फिर निरर्थक लगीं,
स्वयं से जब परिचित हो गए।

सत्ता के पृष्ठ से उतर कर,
सभी प्रामाणिक कथित हो गए।

वो तालियों का ही खुमार था,
लौह पुरुष भी द्रवित हो गए।

अब अछूतों की राजनीति में,
आचरण क्यों घृणित हो गए।

फिर से संस्कार में आ गए,
अब सभी न्यायोचित हो गए।

बस झुकना ही तो था आपको,
आप तो समर्पित ही हो गए।

आँखें पहले से ही बंद थीं,
मन भी क्यों संकुचित हो गए।

आबरू ही खबर में.....

आधुनिकता के सफर में,
आबरू ही है खबर में।

अर्थ श्रद्धा के फंसे हैं,
बुद्धि के निष्ठुर भंवर में।

रौशनी पागलों सी है,
देखकर चलना शहर में।

आग छल की जल रही है,
सोचकर बसना नज़र में।

तुम घुमावों से न डरना,
प्रीत की इस रहगुज़र में।

स्नेह स्पंदित नहीं है,
तटों को छूती लहर में।

आज सत्ता कह रही है,
ढूंढना अमृत ज़हर में।

गोद मां की याद आई,
रेत पर फिर दोपहर में।

डर रही है भावनाऐं,
याद के सुनसान घर में।

बांधना है अब क्षितिज को,
ग़ज़ल की छोटी बहर में।

दरिया भी, तश्नगी भी.....

सलाम भी दिल्लगी भी,
दरिया भी, तश्नगी भी।

संतुलित राजनीति है,
प्रीत भी दरिन्दगी भी।

स्पष्ट नज़र आती है
क़रीब शर्मिंदगी भी।

ओंठ नास्तिकों जैसे,
आंखों में बन्दगी भी।

क्या मांगें, दी तो है,
मृत्यु भी ज़िन्दगी भी।

चुनाव में क्या पसंद,
क्या नापसंदगी भी।

दुश्मनों में अच्छी लगी,
तेरी नुमाइन्दगी भी।

बाध्यता दीवारों की

बैसाखियां विचारों की,
बाध्यता दीवारों की।

उमस दिखाई देती है,
भावों के गलियारों की।

समझ न पाई डोलियां,
साधनाऐं कहारों की।

तन मन पर झंकृत जैसे,
रागिनी सी फुहारों की।

बड़ी हृदय विदारक थी,
कहानी घुड़सवारों की।

समय आगाह करता है,
ज़रूरतें हैं सुधारों की।

यातनाऐं झेलती सी,
भाव भंगिमा किनारों की।

ऊँचाई की अंतर्कथा,
वेदनाऐं सहारों की।

है वेदना मुखर अब तक
कुछ अनसुनी पुकारों की।

सभ्यता ने बिदा कर दीं,
अर्थियां संस्कारों की।

हार ही जाएगा तू जीतकर भी.....

ज़ख्म छुपाने की कोशिशें ज़ाया न कर,
आबरू के पैबन्द हैं, नुमायां न कर।

बाद में पछताएगा क़ब्रग़ाहों में,
अपनी रूह से खुद को छुपाया न कर।

हार ही जाएगा तू जीतकर सब कुछ,
ईमानों को दांव पर लगाया न कर।

आईनों की तलाश में फरिश्ते आऐं,
इन्सान का पता कभी बताया न कर।

तेरे लिबासों में पैबस्त हैं कई चेहरे,
ये ज़मीर की रियासत है, आया न कर।

तू इन्सान को कमज़र्फ ना होने दे,
एहसान किया है तो जताया न कर।

मुश्किल है रफ्तार बदलना हवाओं का,
भावों के कमज़ोर घर बसाया न कर।

पूजा स्थल बन जाएगा खुद के भीतर,
मजबूर इन्सानों को सताया न कर।

अपनी ही परछाईयों से डरता हूं.....

अपनों के बीच से जब भी गुज़रता हूं
अपनी ही परछाईयों से डरता हूं।

रिश्तों के बीच अब जी तो रहा हूं मगर,
बस मुस्कुराहटों का कर्ज़ भरता हूं।

स्वयं की पहचान ढूंढने के लिए,
रोज़ अजनबी रास्तों से गुज़रता हूं।

वक़्त की अब हवाएं, दबाव ऐसे हैं,
हर रोज़ सहमत होकर भी मुकरता हूं।

जब कभी बेटियों की याद सताती है,
गुलाब की पंखुरियों की तरह झरता हूं।

अपनी आत्मा के सामने खड़े होकर,
रोज़ अपने अपराधों से मुकरता हूं।

आंखों में खुमार ही खुमार है, शायद,
मैं किसी सुरमई गीत सा उभरता हूं।

बाबूजी

खुद ही खुद के लिए इल्ज़ाम हुए 'बाबूजी',
आप क्यों इस तरह बदनाम हुए 'बाबूजी'।

दीवाने खास से फिर दीवाने आम हुए,
कैसे इतने गिरे कि गुलाम हुए 'बाबूजी'।

सख्त कानून से खौफ नहीं, हौसला लेकर,
सभी जुर्म यहां सरेआम हुए 'बाबूजी'।

ताज्जुब है इंसाफ की ही ज़मीनों पर,
हर जगह उजड़े हुए मुक़ाम हुए 'बाबूजी'।

खुदगर्ज़ी इंसानियत के क़रीब आई,
यहाँ शराफत के बड़े दाम हुए 'बाबूजी'।

अपनों के बीच क्यों गुमनाम हुए 'बाबूजी'
क्यों मुसीबत के इंतज़ाम हुए 'बाबूजी'।

आप तो बस समाचारों में रहने के लिए,
इल्ज़ामों के लिए इल्ज़ाम हुए 'बाबूजी'।

आपकी मस्त निगाहों की निगेहबानी थी,
लम्हों में कई क़त्लेआम हुए 'बाबूजी'।

रेत के घर बसाते हैं

बिखरने के लिए रेत के घर बसाते हैं,
लोग बस्ती उजड़ने के लिए बसाते हैं।

जहां से पंछी परवाज़ नई भरते हैं,
वो सभी मेरी अस्मिता के अहाते हैं।

लोग फिर क्यों मजबूरियों के धागों पर,
आजकल उम्मीदों की पतंगें उड़ाते हैं।

ईमानदारी का जज़्बा दिखाने वाले,
जगा देते हैं फिर लोरियां सुनाते हैं।

टूटे घरों में बैठे तरक्कीपसंद लोग,
ऊँचाईयों के आईने दिखाते हैं।

सुबह से पाठशाला में इकट्ठा बच्चे,
आरती के दीप की तरह झिलमिलाते हैं।

देखकर दुनियां घर से निकलते ही नहीं,
अब रोज़ कल्पनाऐं ओढ़ते बिछाते हैं।

उम्र मुल्ज़िम नहीं, प्यार कोई जुर्म नहीं,
खत, बंद लिफाफों में भी शरमाते हैं।

वक़्त का मुझ पर अब कोई उधार नहीं

वक़्त का मुझ पर अब कोई उधार नहीं,
किनारा चाहिए साथियों, मझधार नहीं।

वो तो तेरी मौज है और कुछ भी नहीं,
साधनाऐं भक्ति का इश्तेहार नहीं।

इस सच्चाई से ज़रूर वाबस्ता हूं,
तेरा करम ही नहीं तो ये संसार नहीं।

जो भटकन सी दिखाई देती है मुझमें,
वक़्त की हलचल है, मेरे संस्कार नहीं।

फर्ज़ है रोज़ रास्तों पर बिछते रहना,
छांह को अब काफिलों से सरोकार नहीं।

बारगाहों में आकर मांगता क्यों है,
खुदा की इबादत कोई व्यापार नहीं।

रौशनी के भी कई मुक़ाम ऐसे दिखे,
जहां बाज़ार थे लेकिन व्यापार नहीं।

तृप्ति के सत्य का गर्भ गृह है आत्मा

सत्य के परिपार्श्व की सी अरुणिमा,
मर्म के अनुष्ठान की भाव भंगिमा।

तिरोहित करती हुई नैराश्य को,
आल्हादित निष्ठाओं की हरितिमा।

अस्तित्व के नव–शिल्प का निर्माण है,
कर्म में अभिव्यक्त प्रण की ऊष्मा।

साफल्य का फिर से नवल श्रृंगार है,
नृत्य करती भावना की मधुरिमा।

अभिव्यक्त करती नेह के स्पर्श को,
भोर का आल्हाद गाती लालिमा।

दृष्टि की समृद्धि के आलेख हैं,
संवेदनाओं में करुणा और क्षमा।

परिधान और आभूषण व्यर्थ हैं,
तृप्ति की आराधना है आत्मा।

सत्य का पराक्रम ही निर्विवाद है

आत्मा से आत्मा का संवाद है,
सत्य का पराक्रम ही निर्विवाद है।

कोंपलों पर ओस की अठखेलियां,
भावना पर प्रीत का उन्माद है।

तृप्ति के उत्सव निश्छल हृदय में,
पंछियों का वृक्ष पर आल्हाद है।

भावनाओं की उनींदी आंख में,
क्षणों से झरता हुआ अवसाद है।

लांघ जाना रूढ़ मान्यताओं को,
यही आस्थाओं का प्रतिवाद है।

रंग फागुन के और होली मिलन,
छद्म मान्यताओं के अपवाद हैं।

चिंतन के सत्य की क्रियाशीलता,
अभिव्यक्ति की सार्थक बुनियाद है।

भगवान है धर्म का पीठाधीश्वर,
शेष तो निरर्थक व्यक्तिवाद है।

जीत कर हारने का तमाशा है

जीत कर हारने का तमाशा है,
प्यार खट्टा मीठा बताशा है।

मूर्तियों ने अब आत्मा से कहा,
धर्म के नाम पर बड़ा तमाशा है।

चला कर पतवार सड़क पार करो,
यही समय की नई परिभाषा है।

निर्धन को और भी निर्वसन करना,
अब त्यौहारों की अभिलाषा है।

बद्चलन बेटे के बाप की तरह,
धर्म के पंडाल में निराशा है।

आव्हान कर दिया है निराशा ने,
अनाधिकार चेष्ठा भी आशा है।

खुलकर सामने हूं मैं भी सचमुच,
सौगन्धों को समय ने तराशा है।

मुस्कुराना मजबूरियों जैसा

रोना समय की खूबियों जैसा,
मुस्कुराना भी मजबूरियों जैसा।

वक़्त और इंसानियत को दीजिए,
प्यार भरा दिल सूफियों जैसा।

जज़्बातों को हुनर देना होगा,
ग़ज़ल के मंजे हुए क़ाफियों जैसा।

दिलों में सच्चाईयों का वजूद,
क्यों हवालात के क़ैदियों जैसा।

बदल सा गया है मौसम का चलन,
राह में बिछड़े साथियों जैसा।

वो सपना तुझसे दूर होने का,
कमज़ोर घरों पर आंधियों जैसा।

लम्हा–लम्हा ज़िन्दगी का मतलब,
नक़्क़ाशी की बारीक़ियों जैसा।

धर्म, ज़रूर मिलन फिर कराएगा,
वर्षों बाद मिले भाईयों जैसा।

मेलों में भी अकेलापन ढूंढो,
फक़ीरों की तन्हाईयों जैसा।

खुद ही झूम लेना नशा तो नहीं,
नशा हो तो पुरवाईयों जैसा।

आज केसर सी फुहारें होंगी

बदली की तृप्त पुकारें होंगी,
आज केसर सी फुहारें होंगी।

श्रद्धा क़ाग़ज़ की नावों पर है,
साधनाएं उस किनारे होंगी।

बुनियादों का पता पूछती है,
चलती फिरती दीवारें होंगी।

बनावटी है खुमार आंखों में,
बनावटी ही मनुहारें होंगी।

पीने को पानी भी ना मिला,
देश भक्तों की कतारें होंगी।

वो हंस रहा बेशर्मों की तरह,
मज़लूमों की गुहारें होंगी।

उधड़ गई संविधान की सड़कें,
आती जाती सरकारें होंगी।

—☙❧—

मिल ही जाउंगा तुम्हें रंगों के रेले में

शर्मसार थी शख्सियत, खुद से अकेले में,
नज़र ही खो गई नज़रियों के मेले में।

बदलते वक़्त की रहमदिली ही ऐसी थी,
मकान सलामत थे दुश्मनों के पहरे में।

रिश्तों ने जब समय का आईना देखा,
रुसवाईयों थी, नेकियों के बदले में।

तुम मुझे इन्द्रधनुष में ढूंढने आना,
मिल जाउंगा तुम्हें रंगों के रेले में।

बनारस की सुबह, शामे–अवध देखी है,
आरती गाती कुलवधू के चेहरे में।

लहरों की मस्ती, रात के सन्नाटों में,
नदियां खुद से मिल रही थी अंधेरे में।

भोर के लिए सब शगुन सिरहाने रखकर,
रातें सो गईं खुशबुओं के बसेरे में।

—☙❧—

भोर कोई नई चेतना अब जगाती ही नहीं

भोर कोई नई चेतना अब जगाती ही नहीं,
नींद सपनों से यूं रूठी है कि आती ही नहीं।

बादल आता है बस गरज कर लौट जाता है,
तपन का आंचल भिंगोने फुहार आती ही नहीं।

बाक़ी अंधेरे में हैं, बस उसी पर उजाला है,
राह दिखती है मगर गंतव्य तक जाती ही नहीं।

अब अजीब सा अकेलापन आसपास लगता है,
वो बच्ची आती है मगर अब सताती ही नहीं।

यहां कोहरा हमारी तुम्हारी सांसों का है,
भोर पानी की सतह को दर्पन बनाती ही नहीं।

फूलों और खुशबुओं का माहौल ही ऐसा है,
पत्तों की ओट में कोंपलें शरमाती ही नहीं।

वक़्त के किसी सदमे से बाहर आई होगी,
तभी दादी मां नींद में बड़बड़ाती ही नहीं।

सुगन्धों के इन्तज़ाम हो जाऐं

पता नहीं अजनबी फसाने कब आम हो जाऐं,
पता नहीं कब पुरानी रस्म गुमनाम हो जाऐं।

जज़्बातों में नहीं लिबासों में क़ैद है दुनियां,
पता नहीं तारीफें ही कब इल्ज़ाम हो जाऐं।

पर्दे के पीछे की ज़िन्दगी रास आती नहीं,
प्यार दुश्मनी की बातें खुले आम हो जाऐं।

अंधेरी रातों की वीरानियां हैं सभी तरफ,
सपनों के पास सुगन्ध के इन्तज़ाम हो जाऐं।

कुदरत बहारों और पतझरों में क्या फर्क़ करे,
मस्त वादियां जब सियासत की गुलाम हो जाऐं।

प्यार, फनकार सा उम्र से वाबस्ता होगा,
सांसों के क़रीब सरगमों के मुक़ाम हो जाऐं।

तेरी शोहरत देखकर अब उनकी तमन्ना है,
दुनिया में दायरे तेरे बदनाम हो जाऐं।

मंज़र ऐसा न दिखा.....

कोई मंज़र ऐसा भी न दिखा कि यक़ीन ना हो,
जैसे लाशों के पास कोई ग़मगीन ना हो।

भावों को दर्द तक आने का हौसला भी दे,
क्यों क़ाफिया तैयार हो और ज़मीन ना हो।

प्यार के भावों बिना ज़िन्दगी लावारिस है,
जैसे बादशाह हो मगर गद्दीनशीन ना हो।

एक दूसरे के लिए नज़र में मोहब्बत देखी,
नामुमकिन है ग़ज़ल का कोई शौक़ीन ना हो।

इन्साफ के बिना तेरी हुकुमत ऐसी, जैसे,
मुक़द्दस पनाहों में श्रद्धालु ज़ायरीन ना हो।

तेरी उम्मीदें और मेरी कोशिशों का सिला,
मुमकिन है अच्छा हो मग़र बेहतरीन ना हो।

न दिखा वो अज़ीम कलाकार तेरी महफिल में,
हो सकता है गुरबत में वो नामचीन ना हो।

खुद पर इतना यक़ीन ना कर ये नामुमकिन है, कि,
तेरे महीन दिल के लिए रास्ता ज़हीन ना हो।

इंसानियत का क़िला मज़बूत है

जो तेरे प्रण से आविर्भूत है,
वही कर्म में भी सफलीभूत है।

दुनियां के बजाय हिंदुस्तान में,
इंसानियत तेरा क़िला मज़बूत है।

भगवान की यहाँ नौकरी भी कर,
साधना तो तभी सफलीभूत है।

स्वप्नों की रमण रेती छोड़ दी,
भ्रमर गीतों से मन अभिभूत है।

मन पर बुद्धि के कर्कश पहरे हैं,
कोहराम भी बहुत घनीभूत है।

खिलखिलाना यूं पुरवाईयों का,
मेरे मन की खुशी का सुबूत है।

ना मिला वो तपस्या के मर्म में,
शायद करुणा के वशीभूत है।

दानदाताओं के लिए अनुष्ठान क्यों

स्वलिखित प्रशस्ति का अभिमान क्यों,
स्वयं–भू देवत्व का सम्मान क्यों।

निर्धनों की द्वारिका के द्वार पर,
समृद्धों के लिए अनुष्ठान क्यों।

खो गया श्रद्धालुओं की भीड़ में,
करुणा का दैवीय प्रतिमान क्यों।

श्रद्धा में आकंठ मन को तृप्ति दो,
चमत्कार में भ्रमों का दान क्यों।

परिक्रम ही स्वयं का आत्म–सत्य है,
फिर चमत्कारों से समाधान क्यों।

आकर्षण का केन्द्र सर्वाधिक रहा,
राजनीतिक शिविर का भगवान क्यों।

साधुता के लिए नए अनुष्ठान हैं,
निषिद्ध आस्था का भक्ति गान क्यों।

खबरों में आज शब्द नहीं स्याही है

इन्सानियत को जहां मनाही है,
कमज़र्फ उसी राह का राही है।

ये शरमा कर देखने की चाहत,
चाह की अजब चंदा उगाही है।

पढ़ने लायक ही नहीं इसीलिए,
खबरों में शब्द नहीं स्याही है।

पी तो है मगर संभल कर चलना,
सच के लिए झूठ की गवाही है।

कराकर कुछ भिखमंगों को भोजन,
अमीरों की यही बेगुनाही है।

तलहटी सियासत की जानता है,
बेटा चोर और खुद सिपाही है।

बच्चे अनाथ, पिता सन्यासी है,
आस्थाओं की कैसी तबाही है।

मन में खनक ही नहीं

चाहत, ललक ही नहीं,
मन में खनक ही नहीं।

श्रद्धा के परिपार्श्व से,
निष्ठा पृथक ही नहीं।

फलक मुफलिसों का है,
सहरे शफक ही नहीं।

क्यों कामयाब कहें,
मन की झलक ही नहीं।

शब्द के सितारों को,
अर्थ के फलक ही नहीं।

अब प्रार्थनाओं में,
मन की महक ही नहीं।

ग़ज़लें सुनने वाली,
दिल में कसक ही नहीं।

प्रीत का व्यापार तो बस सुगन्ध में मिला

भ्रमर का सत्य सुमन से संबंध में मिला,
प्रीत का व्यापार तो बस सुगंध में मिला।

ढूंढा गली गली क्षणों के पास भी मगर,
सांसों का मर्म नियति के प्रबंध में मिला।

संपन्नता के शिल्प ही प्रतिमान नहीं,
सत्य तो आत्मा के अनुबंध में मिला।

तृप्ति को ठहराव का आधारभूत मंत्र,
आसक्ति के प्रवाह पर प्रतिबंध में मिला।

सिद्धियाँ संतों की हों या धर्म के शिविर,
आत्मज्ञान भावों के तटबंध में मिला।

खोज रहा था मैं स्वयं अपना ही पता,
वह आत्म–ज्ञान के उपबन्ध में मिला।

सौगन्धें तूलिका की सार्थक ही मिलीं,
गीतों का वैराग ललित निबंध में मिला।

उम्मीदों का वास्ता होकर

क्यों सताता है उम्मीदों का वास्ता होकर,
जो दिखतीं हैं मुझे ठोकरों का रास्ता होकर।

अंतिम सत्य के संगीत की ही अनुगूँज है वो,
जो खनकती है अब शरीरों में आत्मा होकर।

उन्हीं नस्तियों में उम्मीदें थी ग़रीबों की,
दफ़न हो गईं दफ्तरों में जो अब ख़ात्मा होकर।

वह ज़रूर ले जाएगी भक्ति के आईने तक,
जो ज़िन्दा है मेरे जीवन में आस्था होकर।

हाथ थामा था मैंने दुधमुहे कर्म–सत्यों का,
मशहूर हैं वो आजकल खुद की ही ख़ता होकर।

वो तेरे मुखौटों की सच्चाई है आजकल शायद,
दिख रही है जो अब इंसानियत की सज़ा होकर।

वो तो मेरी इंसानियत की ही रानाई है,
जो बसी है सभी नज़र में मेरा पता होकर।

दुनिया यूँ ही मुरीद नहीं होती

बेवजह कोई दवा,
मुफ़ीद नहीं होती,
परछाँई किरणों के,
क़रीब नहीं होती।

कुछ असर तो ज़रूर है,
उसकी शख्सियत में,
वरना दुनिया यूँ ही,
मुरीद नहीं होती।

आईने के सामने भी,
रख करतूतें, बस
हाथ की रेखा ही,
नसीब नहीं होती।

यदि लालच से कुछ,
दूरी बनाए रखते,
मन की दुनिया इतनी,
ग़रीब नहीं होती।

नज़र को थोड़ा,
धारदार रखना होगा,
भली लगती हर चीज़,
लज़ीज़ नहीं होती।

आप भले बाँटते रहिए,
उसे क़दम दर क़दम,
पानी पर यूँ कोई,
लकीर नहीं होती।

तू इस सच्चाई से,
वाक़िफ नहीं शायद,
हर मोहरे की हस्ती,
वज़ीर नहीं होती।

—ଔ—

नारी तुम केवल श्रद्धा हो

संस्कार ने तुम्हें देख कर शिल्प बुना था,
नारी तुम केवल श्रद्धा हो, यही सुना था,
अटल अजेय सतीत्व की सौगन्धें देकर,
मर्यादा का दर्पन युग ने तुम्हें चुना था।

क्यों युग तुम्हें लाज की सौदागर कह दे,
क्यों मन, कोमलता पर निर्मम पत्थर रख दे,
चीख़ चीख़ कर दर्पण फिर से पूछ रहा है,
क्यों संशय फिर से आँसू के अर्थ बदल दे।

अपने ही स्थापित सत्य में भेद करती है,
नियति ही जैसे फिर दुर्लभ खेल करती है,
क्यों अपनी ही अस्मत के एवज में "श्रद्धा",
खुले आम किसी को ब्लैकमेल करती है।

तुम अपनी ही नहीं सभ्यता की माज़ी हो,
संस्कार की भले–बुरे वक्त की साथी हो,
आने वाले युग से कह दो अभी क्षितिज पर,
तुम दीपक की बुझी नहीं, जलती बाती हो।

मुक्तक

लास्य और तांडवों को जगाए हुए हैं,
साधनाओं के दीपक जलाए हुए हैं,
न दो तुम प्रलोभन उन्हें भोर के अब,
जो किरणों की धूनी रमाए हुए हैं।

दूर तक मंदिरों की कतारें मिलेंगी,
मज़ारों से बंटती दुआऐं मिलेंगी,
देख लो तौलकर तुम मेरी अस्मिताऐं
समारोह सी आस्थाऐं मिलेंगी।

आबरू की खुले में नुमाईश लगी थी,
थे ज़िन्दा सभी रूह मुर्दा पड़ी थी,
जीत के जश्न थे, हर तरफ हर गली में,
शहादत सड़क के किनारे खड़ी थी।

कथा रांगोलियों में बिखेरी है मैंने,
व्यथा गीत जैसी सहेजी है मैंने,
गौर से देख मेरी लिखावट की स्याही,
क़ागज़ों पर भी सांसें उकेरी हैं मैंने।

सियासत में बस सुर्खियां ही मिलेंगी,
पास आने को बस कश्तियां ही मिलेंगी,
रंजिशों से न देखो कभी प्यार को तुम,
फूल के पास तो तितलियां ही मिलेंगी।

मुक्तक

चांद तारों की दुनियां लजाई तो होगी,
चांदनी ने भी तल्ख़ी दिखाई तो होगी,
उनके दामन से अपनी हिफाज़त की खातिर,
खुशबुओं ने शिक़ायत लिखाई तो होगी।

नज़रियों का अपना अलग कारवां हो,
वो मंज़र दिखे जिसमें दिल आश्ना हो,
अमीरी की रातें नहीं रास आतीं,
ग़रीबों का अपना कहीं आसमां हो।

सूखे पत्ते हुए हैं दरख़्तों के गहने,
चल पड़ी भोर सुनसान गलियों में रहने,
वक़्त के आईनों ने किया सच उजागर,
जुगनुओं ने लिखे हैं, उजालों के सपने।

थी हवाओं की सहमी हुई सी रवानी,
थी बेसुध दरख़्तों की बोझिल कहानी,
सुन रहे थे पथिक भी दुपहरी के डर से,
छांह की बेबसी रास्तों की जुबानी।

दीप अंधेरों से अपना पता पूछते हैं,
अर्थियों से सुमन अस्मिता पूछते हैं,
इसे खेल कह दूं या कह दूं करिश्मा,
देवता पत्थरों में वफा ढूंढते हैं।

दुर्गति दोहों की

क्या थाने, क्या अदालतें, कहीं न कुछ भी होय,
रहिमन निज मन की व्यथा, मन ही राखो गोय।

यह कड़वा सच भूलकर, गए विदेश इमरान,
कबिरा तब लक ठहरिए, दान मान सम्मान।

सत्ता का मधु–पान है, जिसकी जितनी पैठ,
हौं बौरा डूबन डरा, रहा किनारे बैठ।

पल–पल परिजन का हृदय, चीख़ चीख़ कर रोय,
ऐसी वाणी बोलिए, मन का आपा खोय।

माला फेरत दिन गया, गया न मन का फेर,
रोटी दे दे डोकरी, समझ न अपनी खैर।

सास बहू के बीच में, पति बेचारा रोय,
दो पाटन के बीच में, साबुत बचा न कोय।

दारू पी माली पड़े, वृक्ष–वृक्ष सुरूर,
पंछी को छाँया नहीं, फल लागे अति–दूर।

माटी कहे कुम्हार से, तू क्या रौंदे मोय,
हड्डी तोड़ फिसलन समझ, नित पटकूँगी तोय।

घर काली कमाई का, क्यों कर दें बरबाद,
भले कबीरा खड़ा हो, लिए लकुटिया हाथ।

रेतीली पगडंडीयाँ, फिर पत्थर का गाँव,
जैसे बूँदों की नमी, और बबूल की छाँव।

बदल गई संवेदना, बदल गए ईमान,
क्या तेरी बेचारगी, क्या तेरा सम्मान।

–ꕥ–

फागुनी दोहे

क्या पलास, क्या फगुनाहट, क्या अमवा के बौर,
संतों के मन सा सजा फागुन का हर ठौर।

बाट जोहते नयन के सेमल बाँचे अर्थ,
साँसों से मधुकामिनी लगा रही फिर शर्त।

रंगों में झंकृत हुए फिर मस्ती के मंत्र,
मतवालों की भीड़ में रिश्तों का जनतंत्र।

भींग गए तन मन मगर सिहर न पाए अंग,
अभी कीर्तन भर हुआ फिर होगा सत्संग।

मन से फागुन ने किया अबके यूँ व्यापार,
साँसें बस कहती रहीं बंधन रखे उधार।

पानी पानी देह पर, मन में जले अलाव,
रंगों की बौछार में चिंगारी के दाव।

आव्हान पुरवाई के फागुन की सौगन्ध,
ठौर ठौर बिछती रही आँखें मूँदे गंध।

बेकारों की भीड़ में फागुन के उपहार,
रिश्तों का आतंक हो ज्यों ग़रीब के द्वारा।

फागुन में रंग याद का ऐसे आया रास,
हो संध्या की आरती ज्यों तुलसी के पास।

मर्म दोहों का

सन्नाटों का उम्र भर, करते रहे हिसाब,
बंजारों की आँख में, क्या आँसू क्या ख्वाब।

राजनीति के चित्र में, दिखा रहे फनकार,
लाशों की दीवार पर, लोकतंत्र का द्वार।

बदलेंगे इंसाफ से, इंसानी अनुबन्ध,
पाल रही है कोख में, मजदूरिन सौगन्ध।

मतदाता की नियति में, वही पुरानी रीत,
काँधों पर हैं अर्थियाँ, अधरों पर हैं गीत।

पतझर में शाखों तले, चरवाहे के गीत,
जैसे वासन्ती उमर, और संत से प्रीत।

नयनों में संकेत थे, अधरों पर उपहार,
छोरा वही पड़ौस का, भुना गया त्यौहार।

स्वप्न भिंगोए तपन में, पल्लू रही उमेठ,
लोहारिन की देह पर, क्या सावन क्या जेठ।

कुछ मन की बात दोहों में

श्रद्धा की आवारगी, क्रूर मार्मिक दृश्य,
तेरी मेरी सभ्यता, तेरे मेरे सत्य।

बना दीप को आईना, ढूंढ साँझ में प्राण,
जीवन का दर्शन यही, समझ यही निर्वाण।

तन और मन के बीच में, भटक गया फिर चैन,
क्या गोरी का जागरण, क्या खुसरो की रैन।

कई बार लगता है, सूना मन का गाँव,
बिदा हो गई बेटियाँ, झुलस गई है छाँव।

आज कटे, फिर पकड़ लें, अगले दिन का हाथ,
"कल किसने देखा" वाला, दर्शन है फुटपाथ।

माँ की गोद में थिरकते, बच्चे के आव्हान,
यही है अपने गीत के, आँसू और मुस्कान।

जब बदल ही दिए हैं चलन के, रीति, नीति, स्वभाव,
तो बता तेरे बाज़ार में, क्या है सत्य का भाव।

सत्य

वक्त के सामने कोई ग़रीब,
कोई कुबेर नहीं,
आत्मा के सत्य में,
कहीं कोई हेरफेर नहीं,
आसमान से ज़मीन यूँ तो,
दिखती है दूर बहुत,
आसमान से ज़मीन पर,
आने में मगर देर नहीं।

शरद-पूर्णिमा

गाँठें परंपराओं में,
बाँध ही लेंगे,
अस्मिताऐं चाँदनी में,
बाँच ही लेंगे,
अमृत चाँद से कभी,
बरसते नहीं देखा,
उजास संस्कारों की तो,
बाँट ही लेंगे।

अनुत्तरित प्रश्न

दमकती ज़िन्दगी में,
आबरू का अंधेरा कैसा,
खुले मैदान में,
गोरैया का बसेरा कैसा,
मैं तो देख लूँ लेकिन,
मुझे न देख पाए वो,
एक ही आँगन में ये,
उजाला, अंधेरा कैसा।

—

खुद पर कोई मलाल न हो

ज़िन्दगी, ज़िन्दगी नहीं,
जिससे कोई सवाल न हो,
वो जज़्बात क्या,
जो अश्कों से माला–माल न हो,
भले ही वक्त के साथ,
खूब बदलते रहो, लेकिन,
इतना ख्याल रहे कि,
खुद पर कोई मलाल न हो
रिश्तों में प्यार का,
वो फाग–उत्सव कैसा, जहाँ,
पूजा के पात्र में,
अबीर हो मगर गुलाल न हो।

—

नमन पूर्वजों को

जिनकी आस्थाओं के धवल,
श्रृंगार हैं हम,
जिनकी शपथ, संकल्पों के,
उपकार हैं हम,
संवारते रहे हमारे शिल्प,
अपनी प्रार्थना में,
जिनकी सामर्थ्य, प्रणों के,
सरोकार हैं हम,
आओ उन पूर्वजों की चरण रज को,
नमन कर लें,
स्मृतियों के श्रद्धा सुमन से
आचमन कर लें।

मित्र

संवेदना, संवेदनाओं को सहलाऐं तभी मित्र बनो,
नेह के स्वप्न, ब्रम्ह–मुहूर्त को महकाऐं तभी मित्र बनो,
रूह, लिबासों की नहीं, ज़िन्दगी की क़ायल है, ध्यान रहे,
तृप्ति के अश्रु जब आँखों में उतर आऐं तभी मित्र बनो।

हनी-ट्रैप

झिलमिलाते हुए नक़ाबों में,
गुनहगार मिले,
निर्वसन आस्था के बीहड़ों में,
बाज़ार मिले,
बदलते वक़्त के अख़बारों में,
मुख्य पृष्ठों पर,
आबरू की ऐशगाहों के,
इश्तेहार मिले।

माणिक वर्मा

कहाँ मिलेगा अब वक्त की चकाचौंध में,
ज़िन्दगी का पता बताने वाला,
कहाँ ढूंढ पाऊंगा, अब संवेदनाओं को,
उंगली पकड़ कर चलाने वाला,
उसके कृतित्व के ख़ज़ाने में,
ज़िन्दगी के उजालों की खूब बरकत देखी,
चला गया, एक आँख से हँसाने वाला,
दूसरी आँख से रुलाने वाला।

पड़ौसी हमारा

मजबूरी, जी रहा है,
रोते रोते मुस्कुराने की,
अदा भी खूब है उसकी,
अकड़ कर गिड़गिड़ाने की,
दहशतें बाँटकर, एवज में,
सुकून चाहता है वो,
अजीब ज़िद है,
बरसते पानी में कपड़े सुखाने की

—ᏜᏋᏒ—

अवतार

समय के दर्पण में,
रसूखदार हो गए,
बहाल होकर सिपाही,
सूबेदार हो गए,
लोकतंत्र के चौथे खंभे से,
प्रकट होकर,
टी.वी. के कई एंकर,
अवतार हो गए।

—ᏜᏋᏒ—

मेरे देश की रज

सभी सपने, सभी सौगन्धें,
नई सी सज–धज के लिए हैं,
गौर से देख, हर एक ठौर,
तेरे अचरज के लिए हैं,
कई शहादतों ने स्वाधीनता के,
चरण पखारे हैं,
ये मिट्टी नहीं, प्रणों की रज है,
हम ज़िन्दा जिसके लिए हैं।

—ാൽ—

मेरा देश खूब महकेगा

राम का रामत्व, आस्थाओं में,
आँधियों की तरह कौंधेगा,
वक़्त, मेरे वजूद की,
पुर–नूर हक़ीक़त में ख़्वाब ढूँढेगा
कश्मीर की वादियों में,
नई सुगन्धें फिर लौट आई हैं,
लगता है मेरा देश,
पुरवाईयों में खूब महकेगा।

—ാൽ—

उन्नाव की बेटी के लिए

संकल्प हैं, मगर साँच पर आँच नज़र आतीं हैं,
सौगन्धें, टूट कर चुभते काँच नज़र आतीं हैं,
यूँ तो दायरों के इर्द–गिर्द खूब रौनक़ है,
बस संवेदनाऐं ही बाँझ नज़र आतीं हैं।

—ଓଃଃ—

राधा की बांसुरी

भक्ति के सत्य ने, तृप्ति की धूनी रमाई होती,
निश्छल स्नेह की कथा, विरह ने सुनाई होती,
हर एक मधुर स्वर में समाधिस्थ शंकर मिलते,
कृष्ण की बाँसुरी यदि राधा ने बजाई होती।

—ଓଃଃ—

पर्व कृष्ण जन्म का

रचा लो जी भरके करुणा भावनाओं में,
सत्य के उत्सव मनालो आस्था के गाँवों में,
कृष्ण–राधा का आव्हान है बसालो उनको
प्रीत का पानी बना कर अपनी निगाहों में।

—ଓଃଃ—

असमंजस

दल बदलने के असमंजस में ही थे,
कि पलट गई बाजी,
प्रेमिका को समझने में हो गए लेट कि,
कि आ गई, राखी।

—☙—

यथार्थ

उम्मीद, जज़्बात की काली कमाई सी लगी,
सब कुछ अपना था मगर उम्र पराई सी लगी।
क़रीबी रिश्तों का जब कभी आईना देखा,
ज़िन्दगी बेवजह दाव पर लगाई सी लगी।

—☙—

मंज़र राजनीति के

क़िस्से मशहूर हैं,
राजनीतिक शबाब के,
मुख–पृष्ठ लाजबाब हैं,
घटिया क़िताब के।

—☙❧—

आशाऐं

पल पल आशाऐं न जिऐं,
तो निराशाऐं न पलें,
बेडौल साँचों में,
प्रेम की परिभाषाऐं न पलें,
कोई अवसाद न संजोना,
अगर,आपके भावों के,
आवेग में भाषाऐं न चलें।

—☙❧—

फैसला राम पर

इंसानियत अब तो अपना,
धर्म चुने,
अदालत क्यों मंदिरों के,
शिल्प बुनें।

नींदें हमारी, स्वप्न भी,
हमारे थे,
कर्म ही बस अपने,
सियासत में पले।

ये त्रासदी है, कोई हार जीत,
नहीं,
कुछ क्षणों का सफर था,
राम सदियों चले।

मंदिरों के साथ हृदय में,
राम बैठा,
आत्मा कम से कम,
सत्य के साथ चले।

इंसानियत के भी मंदिर,
मस्जिद बना,
जहाँ इंसान भी तुझे,
देवता दिखे।

परिचय इस दौर का, इतिहास
यूँ देगा,
स्वार्थ ने सभ्यता के,
पैबन्द सिले।

कीर्तन में सत्य यूँ तो,
राम का गाया,
प्रसाद लेकिन विद्वेष का,
बाँटते मिले।

—ꕥ—

शहीदों की वर्दियों जैसा

चढ़ा नज़रों में,
जेठ की गर्मियों जैसा,
जम गया कमबख्त,
पहाड़ों की सर्दियों जैसा।

विश्वासों में सन्नाटा,
दिखाई देता है,
सहेज कर रखी शहीदों की,
वर्दियों जैसा।

पार सरहद के उसका,
भरोसा देखा लेकिन,
ज़िन्दा लाशों की,
नई नई अर्थियों जैसा।

चोरी चोरी आकर,
ठहर गया दिल में,
खामोश प्यार, अखबार की,
सुर्खियों जैसा।

आत्मा के आस पास,
भावनाओं का भ्रमण,
पास मकरंद के,
भंवरों की मर्ज़ियों जैसा।

वो भविष्य फिर
गढ़ने चले हैं नौनिहालों का,
बुढ़ापे में चेहरे की,
झुर्रियों जैसा।

अपनी ही शख्सियत में,
खुद ही को देखा,
बेरोज़गारों की, लावारिस,
डिग्रियों जैसा।

—

जहाँ मिले, खूब मिले

पत्नि, बच्चों की निगाह में,
ज़रूर मनहूस मिले,
मुसीबतों से लड़ते हुए,
लेकिन बड़े मशहूर मिले।

सत्ता के फानूसों में,
जो जिए रौशनी होकर,
सत्ता गई तो कूड़े दान में,
ब–दस्तूर मिले।

स्याही ढुलती ही रही,
भाग्य नहीं बदल पाई,
क़ागज़ और क़लम के ठौर,
बहुत दूर दूर मिले।

बदलते दौर में वो मर्दानगी,
जताने वाले,
मूंछ की सफेदी छुपाने को ही,
मजबूर मिले।

जगमगाती हुई एक महफ़िल,
दिखाओ, जहाँ,
क़लम के सत्य का सिपाही भी,
फिर पुरनूर मिले।

काशी के घाटों पर,
वो दृश्य देखा जहाँ लोग,
अपनी ढलती हुई उम्र के,
नशे में चूर मिले।

अदालतों की कला वीथिकाओं में,
सजाऐंगे,
गवाहों की जादूगरी में जो,
बेकसूर मिले ।

—ঔষ—

जिस्म लहू-लुहान हो

नामुमकिन है, नुमाईशी हो और
फितरती दिमाग़ ना हो,
वो सियासत, सियासत नहीं,
जिसमें गुणा, भाग ना हो।

मैं उसे आसानी से फिर कैसे
ढूँढ लाऊं जिसका,
जिस्म लहू–लुहान तो हो,
मगर कमीज़ पर कोई दाग ना हो।

रूह की रौनक के बिना,
लिबासों की चमक बेमानी है,
जैसे सांझ हो और,
दरवाज़े पर कहीं चिराग़ ना हो।

चीखने, चिल्लाने की,
नुमाईशों को क्यूँ संगीत कहें,
संगीत, संगीत नहीं जब–तलक,
सुरों के साथ राग ना हो।

बहरूपिये, विदूषक, किराए के,
रोने वाले इकठ्ठा हैं,
तेरी हिदायत है कि,
महफ़िल में कोई मज़ाक ना हो।

परिधानों से लेकर,
तेरी ज़िन्दगी तक किराए पर है,
और फिर तेरी ये मर्ज़ी है कि,
कभी कोई हिसाब ना हो।

सच गले नहीं उतरता,
और नामुमकिन लगती है ख़बर,
जवान दिलों में ना सही,
दिए, चूल्हे तक में आग ना हो।

—ଓଃ—

रातें सितारों में मिलीं

रात अँधेरों में नहीं,
सितारों में मिली,
अपने ही घर की ख़बर,
अखबारों में मिली।

पड़ोसी मुल्क की पहचान,
फिर ज़माने को,
स्वाभिमान के,
फटते गुब्बारों में मिली।

सत्ता के त्याग और,
ग्राह्यता की शपथ,
राम और भरत के ही,
क़िरदारों में मिली।

रिश्तों में इस क़दर,
हावी दिखी बेशर्मी,
कलह थी घर में,
कराह दीवारों में मिली।

खुद को चौधरी कहते हैं,
जो मुल्क उन्हें,
गुनाहों की सूचना,
गुनहगारों से मिली।

आज महफूज ज़िन्दगी की,
अहम सच्चाई,
सड़क पर ज्ञानियों को,
हवलदारों से मिली।

सभी फेहरिस्तें,
अमीरी तेरे पापों की,
सीमान्तों पर,
ग़रीब के गुज़ारों में मिली।

—ꕥ—

मुलाज़िम

वो जो अवशेष समेटते हुए
बर्तन हैं,
अपने वजूद की बेबसी के,
प्रहसन हैं।

वो जो सोने की फ्रेमों में जड़े,
पत्थर हैं,
वही सरकारी मुलाज़िमों के,
दर्पन हैं।

वो जो नमी ईमान की दिखाई
देती है,
घने मरुस्थलों से घिरे हुए,
गुलशन हैं।

आसमान से उतरे हुए,
फ़रिश्तों के,
दफ्तरों में रोज़ रोज़ नए,
कीर्तन हैं।

बड़े अँधेरे हैं, रसूख के,
अहातों में,
सभी हक़दार हैं, सभी के,
अभिनन्दन हैं।

ईमान की स्याही पीकर जो,
बेहोश हैं,
उन्हीं जिस्मों में सत्ता के,
टूटते प्रण हैं।

किसी ग़रीब मुलाज़िम को,
आईना बना,
बेबसी देख उसकी, वहाँ भी,
जन–मन हैं।

—☙❧—

उम्र की ढलानों पर

हंसते हंसते रोने की दुश्वारियां हैं,
उम्र की ढलानों पर,
खुशहाल दिखने की भी पाबंदियां हैं,
उम्र की ढलानों पर।

कभी मृदंग की थापों पर स्वरों का,
काफिला हुआ करता था,
अब खरज पर बजती हुई शहनाईयाँ हैं,
उम्र की ढलानों पर।

बदले हुए नज़रिए और नज़र में,
इतना भर समझ पाए,
मुसलसल कठिन होती हुई आसानियाँ हैं,
उम्र की ढलानों पर।

लेने लगे हैं अपने ही घर में हर एक
पाँव की आहट,
बेवजह निगाहों में अब बारीकियाँ हैं,
उम्र की ढलानों पर।

खो गए वो रंग, तितलियों के,
जो सहेजे थे बचपन ने कभी,
याद करके भूलने की मजबूरियाँ हैं,
उम्र की ढलानों पर।

कैसी शह, और मात कैसी
आखिरी प्यादे से शतरंज में,
घटती उम्र की लंबी परछांईयाँ हैं,
उम्र की ढलानों पर।

बदलते वक्त के साथ अपना
मेल जोल रास आता नहीं,
अपने लिए अपनी ही कई कुर्बानियां हैं,
उम्र की ढलानों पर।

थक जातीं थीं सुगन्धें
पता पूछते पूछते कभी जिनका,
धूल में खेलती वही ऊँचाइयाँ हैं,
उम्र की ढलानों पर।

—ca80—

दौर बदला बदला सा

वो जो दिखाई देते थे,
प्रजातंत्र का चौथा खंबा होकर,
आजकल मशहूर हैं मूर्तियों के,
विसर्जन का कंधा होकर।

कभी कभार हाशिए पर,
आधे अधूरे दिखाई देते थे,
आजकल नुमाईशों में,
मिला करते हैं चुनिन्दा होकर।

अपनी ही ज़िन्दगी के आईने में,
जो ढूँढते थे खुद को,
बाज़ारों में दिखने लगे,
ईमानदारी का धंधा होकर।

जिन्हें स्वयंभू देवत्व की,
मूर्तियों का भाग्य जीना था,
मुसलसल भटक रहे हैं,
जनतंत्र के त्यौहार का चंदा होकर।

व्यक्तित्व का धर्म न सही,
उसूलों के सीमान्त पर ही सही,
इतना तो न हो कि,
अच्छी नज़रों वाला भी मिले अंधा होकर।

आत्मा बोझिल होती होगी,
बेचैनियाँ भी सताती होंगी,
जब ज़मीर दिखता होगा,
अपनी बेबसी का फंदा होकर।

छेनियों के ज़ख़्म सहकर,
जिस क़ीमत पर नक़्क़ाशियाँ उभरीं,
लगता है उन्हें बाज़ार तो मिला,
लेकिन बड़ा मंदा होकर ।

—ශ—

कुछ बात बने

चेतना, साधु सी निखर जाए,
तो कुछ बात बने,
आस्था खुशबू सी बिखर जाए,
तो कुछ बात बने।

सौगन्धें दे रहा है दिल, मुझे
ठहरना होगा,
काफिला यादों का गुज़र जाए,
तो कुछ बात बने।

यहाँ मदहोशियों को नींदें,
बता रहे हैं लोग,
स्वप्न, उजालों में उभर आए,
तो कुछ बात बने।

गुबार धूल के फिर पूरी घुटन,
लेकर उठे हैं,
मंज़िलों तक राह नज़र आए,
तो कुछ बात बने।

ज़िन्दगी के काफिले की रौनक में,
कहीं न कहीं,
रूह का नूर भी ठहर जाए,
तो कुछ बात बने।

बस इमारतें, इमारतें ही,
दिखाई देती हैं,
चाँद छतों पर ही उतर आए,
तो कुछ बात बने।

संवेदनाओं में सलाहियत,
सहेजने के लिए,
बच्चों में, माँ का असर आए,
तो कुछ बात बने।

—ca&Ro—

क्या लेना देना

बंद आँखों को दिन रात से
क्या लेना देना,
वक्त को किसी के हालात से
क्या लेना देना।

आदमी आदमी बन जाए, बस
इतना काफी है,
बाकी फालतू सवालात से
क्या लेना देना।

बनो तो हौसला बनो किसी का
उम्र भर के लिए,
किसी अधूरी मुलाक़ात से
क्या लेना देना।

उन्हें तो वास्ता है, आज नूर की
नुमाईश से,
तू और तेरे जज़्बात से,
क्या लेना देना।

खेत जो बंजर थे, बंजर ही
रह गए फिर से,
बे–मौसम हुई बरसात से
क्या लेना देना।

दिल तो ख़ामोश है वहाँ कोई
हलचल ही नहीं,
निगाहों में हुई वारदात से,
क्या लेना देना।

फक़ीरी का बेशुमार नशा हो,
जिसकी धड़कन में,
उसे आल्हाद या अवसाद से
क्या लेना देना।

—ଓଃ෴—

क्या पता?

कौन किस धुन से,
बहल जाए, क्या पता,
कौन, कब, गिर कर,
संभल जाए, क्या पता।

ज़िन्दगी को यादों के,
सफर में रखिए,
कौन फिर कहाँ,
मिल जाए, क्या पता।

पुराने खण्डहरों को,
संभलना होगा,
छतों का मन, कब,
बदल जाए, क्या पता।

गीत और भाव, दोनों,
सदमे में हैं,
कौन, कब, जान पर,
खेल जाए, क्या पता।

किसी बच्चे सा है प्यार,
पहला पहला,
मासूम, कब, कहाँ,
मचल जाए, क्या पता।

लम्हा–दर–लम्हा,
ज़िन्दगी जीना होगी,
वक़्त, कब हाथ से,
निकल जाए, क्या पता।

वो कुदरत है, अपना,
सच वही जाने,
पत्थर कब मोम सा,
पिघल जाए, क्या पता।

—ઉ્ઠ—

फर्क़ तो होगा

फर्क़ तो होगा रागनियों के,
पृथक पृथक स्वर और साज़ में,
अंतर तो होगा ही कुलवधू,
और जवान विधवा की लाज में।

सभी मशगूल थे, वक्त की नुमाईशों में,
महफ़िल में,
मैं जाने क्यों खोता गया, खुद ही को,
खुद ही के लिहाज़ में।

नोच कर तितलियों के पर, ख़ुद को,
नाज़ुक बताने वाले,
मील का पत्थर बने हुए हैं, अब,
फ़रिश्तों के समाज में।

सज़दे में सर झुकेंगे लेकिन,
क़ल्ब में रौशनी तो दिखे,
बड़ा फर्क है स्वयंभू फ़कीरों और,
ग़रीब नवाज़ में।

वो मिलने लगे हैं, ख़ुद को
संजीदगी की मिसाल कह कर,
पता नहीं क्या है अब पागलों के,
बदले हुए मिज़ाज में।

प्रभाती ऊषा की अरुणिमा भी,
जैसे थिरक उठती है,
जब खनकते हैं स्वर और साज़,
उस्तादों के रियाज़ में।

चाँद सितारों से कैसा तोल मोल,
अपनी ग़रीबी का,
अंतर तो होगा आसमान और,
ज़मीनों के रिवाज़ में।

—෴—

भावों के स्पंदन

बन्धन गूंथ चली सुहागिन,
दीर्घ तिमिर की घड़ियों में,
गागर भी थी अतृप्त कला सी,
भरी भरी कुछ रीती सी।

थी भावों की वह नवल शपथ
स्वर्णिम आभा हृदय–स्थल की,
भर आई आंखों में घड़ियां,
कुछ नई–नई कुछ बीती सी।

संकेत नियति के भावविव्हल,
अर्ध–निमिलित आंख उनींदी सी,
आलिंगन में निशि–निशीथ के,
कुछ हारी सी कुछ जीती सी।

थे खिले नेह के नव प्रसून,
बन्धन बन्धन फिर महके थे,
दर्पन में दिखी अधर आभा,
कुछ निखरी सी कुछ बिखरी सी।

ले अंगड़ाई परिधान विलग,
उतरी जाड़े की धूप लिए,
कुछ शरारती कुछ सहमी सी,
कुछ दिखती सी कुछ छिपती सी।

फिर सखियों ने गाए प्रणय गान,
थी शिकन सेज की सहमी सी,
सांसें मेहंदी का स्वांग रचे,
कुछ रचती सी कुछ खिरती सी।

थी लाज नवल किसलय जैसी,
लग रही स्वयं में उलझी सी,
थी कोर नयन की अलसाई,
कुछ उठती सी कुछ गिरती सी।

संध्या का उद्घोष क्षितिज से,
फिर व्यथा–निशा का जगराता,
है स्मृतियां अब शेष कथा,
कुछ जाती सी कुछ आती सी।

निर्मोही धूप के अनुष्ठान,
विरक्ति पतझर पल्लव सी,
बीते पल छिन की अनुकृतियां,
कुछ दबी–दबी कुछ उभरी सी।

फिर मन बुहार लूँ दर्पन का,
फिर भावों का श्रृंगार चुनूँ,
अब सपनों, आशाओं की मुट्ठी,
कुछ बंधती सी कुछ खुलती सी।

—᪥—

प्यार बदनाम ज़्यादा है

जाने क्यों दिलों में,
नफ़रतों का मुकाम ज़्यादा है,
आदमी अमीर नहीं,
अमीरी का गुलाम ज़्यादा है।

जबसे अमीर हुए,
मुँह फेर कर निकल जाते हैं,
कुछ नहीं, थोड़ा मौसम बदला है,
जुकाम ज़्यादा है।

यहाँ वक्त की हवाओं का,
तकाज़ा ही ऐसा है,
प्यार छुपाने की कोशिश,
खुलेआम ज़्यादा है।

शाख ने कलियों को,
खिलने से रोक दिया यह कह कर,
बाज़ार में क़ागज़ के,
फूलों की माँग ज़्यादा है।

नया कफ़न है, कुछ लोग हैं,
बेचारा कहने वाले,
मरघटों में इंसानियत का,
इंतज़ाम ज़्यादा है।

घूम कर आया हूँ, संस्कारों की,
मशहूर बस्ती से,
उम्र का नशा प्यार के नाम से,
बदनाम ज़्यादा है।

वासन्ती मौसम की सुगन्धें,
बताती हैं,
भावों की सरहदों पर, अब,
क़त्लेआम ज़्यादा है।

—◊—

सौगन्ध क्यों नहीं

बदनसीबी तेरे बहाव पर,
तटबंध क्यों नहीं,
इंसाफ अपने ईमान का,
पाबन्द क्यों नहीं।

सियासी झगड़े हैं, इन दिनों,
मज़हबी ठिकानों पर,
साधुता भी आजकल,
श्रद्धा में आकंठ क्यों नहीं।

साफ तनाव दिखाई देता है,
इन दिनों रिश्तों में,
आजकल नेह के, विश्वास से,
अनुबन्ध क्यों नहीं।

राह पर धुंध है नफ़रतों की,
मगर चलन जारी है,
मंज़िलों के वास्ते,
क़ाफिले फ़िक्रमंद क्यों नहीं।

पेट भरने के लिए क्यों,
फ़ैलाते रहें झोली,
अपने ही हक़ के लिए,
फ़र्ज की सौगन्ध क्यों नहीं।

प्यार चाहने वालों ने,
पूछा तो हँस पड़ा मौसम,
सवाल था, क़ागज़ के फूलों में,
मकरंद क्यों नहीं।

सिलसिला नफ़रतों का,
बड़ा घना,बड़ा दराज़ देखा,
भाग्य के विधान में,
प्यार के उपबंध क्यों नहीं।

—○—

हो कहाँ

सूखने लगे यादों के समंदर,
हो कहाँ?
कई लीलाओं में पारंगत,
लफंदर हो कहाँ?

घर से फिर लात घूंसे,
चलने की ख़बर मिली,
छोड़ कर घर के मंज़र,
भयंकर, हो कहाँ?

फिर मुक़दमों में आपका नाम,
आया है,
सद्–गुणों के स्व–घोषित,
धुरंधर हो कहाँ?

आपके शौर्य–सत्य की,
परख होना है,
बाल विहीन मूछों के,
मुछन्दर, हो कहाँ?

ढूंढ रहे हैं रोज़ रोज़,
उधारी वाले,
बेरोज़गारों के,
मस्त कलंदर हो कहाँ?

आपकी बैठक जहाँ थी,
वो हो गए फना,
बदनसीबी के ज़िन्दा,
सिकंदर, हो कहाँ?

सिहर उठा,
साथ बीते पलों को याद कर,
मुसीबतों के भीषण,
बबंडर, हो कहाँ?

—ઝ઼ૠ—

नर्मदा

सिद्धियों का आचमन,
कराती सी नर्मदा,
समाधिस्थ शिव को,
जगाती सी नर्मदा।

बाँधों में उलझे समय के,
प्रवाह को,
सभ्यता का प्रवाह,
दिखाती सी नर्मदा।

देवों की श्रद्धा के,
कीर्तन से पहले,
ओंकार का आँगन,
धुलाती सी नर्मदा।

शिवत्व के दर्शन में,
आकंठ तो होंगे ही युग,
शिवमहिम्न कण कण में,
बसाती सी नर्मदा।

सतपुड़ा, विन्ध्याचल की,
निश्छल भक्ति में,
तृप्ति के समाधान,
सजाती सी नर्मदा।

स्वयं के क्रीड़ाँगन,
अमरकंटक में जैसे,
कृष्ण का वात्सल्य,
गुनगुनाती सी नर्मदा।

घाटों पर, तीर्थों पर,
कल कल निनाद में,
जीवन का, युग–दर्शन,
कराती सी नर्मदा।

सृजन से समापन तक,
आस्था के संग संग,
सृष्टि प्रवाह का नियमन,
कराती सी नर्मदा।

–ঔষ–

बेशर्मी पड़ौसी मुल्क़ की

मजबूरी जी रहा है,
रोते रोते मुस्कुराने की,
देख, अदाएं भी लाजवाब,
अकड़ कर गिड़गिड़ाने की।

दहशतें बाँटकर एवज में,
सुकून चाहता है वो,
अजीब ज़िद है, बरसते पानी में,
कपड़े सुखाने की।

हाथ फैलाए, जहाँ जहाँ,
शर्मिन्दगी ही मिली उसको,
अजीब सी आदत है उसकी,
बेशर्मी आज़माने की।

मेरे आँगन की धूल, मिट्टी को,
बारूद समझ,
अब कोई कोशिश, उम्मीद
न करना पास आने की।

मेरी सीमाओं के क़रीब तुझे,
चुभन होती होगी,
मेरे आँगन में पुरवाईयाँ हैं,
नए ज़माने की।

भले ही खूनी नाखून,
छुपा, रखें हैं तूने, लेकिन,
बखूबी जानता हूँ,
बनावट तेरे दास्ताने की।

यूँ तो तू भी वाक़िफ है अपनी,
मुसीबतों से, फिर भी,
तेरी कोशिश है दहशतों से,
इन्सानियत भुनाने की।

—७३६०—

मेरा वतन

संस्कारों का समाधान,
मेरा वतन,
सभी रिश्तों का गुलदान,
मेरा वतन।

गर्वोन्नत आस्थाओं की,
नदियों में,
संवेदना का दीप–दान,
मेरा वतन।

कुछ नए स्वप्न, संकल्प,
थामे हुए,
है ग़रीबों का मेहमान,
मेरा वतन।

हर तरफ साधनाओं के,
त्यौहार हैं,
है फ़रिश्तों में इन्सान,
मेरा वतन।

क़ाफिले जैसे किरणों के,
ठहरे हुए,
है उजालों की पहचान,
मेरा वतन।

आदमी बस रहे प्यार से,
इसलिए,
सदियों रहा परेशान,
मेरा वतन।

राजधानी, राजपथ के,
कोहराम में,
है फ़कीरों की मुस्कान,
मेरा वतन।

सूर,तुलसी, कबीरा के,
ईमान सा,
है रहीम और रसख़ान,
मेरा वतन।

—ɞʚ—

घर पाया है गिरवी दीवारों का

भाव उजड़ते बाज़ारों के ग्राहक जैसे,
मैंने घर पाया है गिरवी दीवारों का।

इतना तेज प्रकाश कि पथ झुलसे झुलसे हैं,
ऊँचाई का लोभ कि घर सहमे सहमे हैं,
मेले और एकान्त शहर के कैसे जानें,
विश्वासों के उजियारे महंगे महंगे हैं।

अपनेपन की आवाज़ें ऐसी लगती हैं,
खेतों में ठहर गया काफिला बंजारों का।
मैंने घर पाया............

मुझे कोई गंतव्यों तक की राह बता दो,
समतल सी दिखती नदियों की थाह बता दो,
अपने दुःख का मैं ही समाधान हूं
दण्ड भुगत चुका हूं अब तो गुनाह बता दो।

मेरी इतनी सी चाहत है बस पार लगा दो,
मैं क्या जानूं खेल तुम्हारी पतवारों का।
मैंने घर पाया............

निष्ठाएें कर्तव्य पथों पर ठहरीं जिसकी,
क्या धूप, क्या छांह क्या बरसातें उसकी,
हो जाता है नित्य सपनों का सौदागर जो,
क्या अपेक्षा फिर क्या अभिलाषाएें उसकी,

राजपथों पर उजियारों का जगराता है,
सत्ता का आलोक लिए कुछ अवतारों का।
मैंने घर पाया............

हार जीत मन का भ्रम पगले.....

हार जीत मन का भ्रम पगले,
हारे तो हरि नाम जपे,
चल फकीरा बंजारों के संग,
शहरों से सुनसान भले।

दुनियां चले चमत्कार के संग,
मिट्टी भी व्यापार बने,
लगे कि बाबा धूनी तापे,
काया जाने कौन जले।

परीक्षाऐं अनुत्तीर्ण हो गए,
बैठे ठाले घर ना बसे,
चल भभूत ले ले बाबा की,
किस्मत का फिर द्वार खुले।

हाथ पांव के सभी आलसी,
मुंह में मूंछे लिए खड़े,
बुढ़िया कहती सच सच लेकिन,
कौन सुने और कौन गुने।

आंखें बोझिल हुई सांझ की,
अलसाए से दीप जले,
सिसकी लेती जागी रातें,
पीर पराई कौन सुने।

अमवा, अमवा बौर खिल उठे,
सपने मिले पलास तले,
गा ले फिर सेमल के नीचे,
खुली हवा में सांस चले।

पगडंडियां फागुन गाऐं,
पहचानी सी हवा लगे,
खेत खेत बिखरी स्मृतियां,
फिर पलास पर गीत मिले।

कलाकार ने शिल्प उकेरे,
तब पत्थर में प्राण जगे,
गणितज्ञों के ज्ञान से ज़्यादा,
दादी के अनुमान लगे।

—্ঌ—

शिविरों में ठहरी आशाऐं.....

शिविरों में ठहरी आशाऐं,
महलों सा सम्मान कहां,
पतझर ही पतझर गीतों में,
गंधों के उपमान कहां।

नीड़ बनेंगे तभी शिल्प में,
पत्थर में आयाम चुनें,
अभी परिक्रम से परिस्पंद तक,
सौगन्धें गतिमान कहां।

वीर रागिनी मदा रंजनी,
राग भैरवी गाऊं मैं,
मगर विलास के मधुर गीत का,
दे आऊँ अभिमान कहां।

सूखे वृक्ष रेत की राहें,
थकन, तपन घुटती सांसें,
जीवन की आपाधापी में,
तृप्ति और संधान कहां।

किंकर्तव्य विमूढ़ चिंतना,
निष्ठाऐं दिगभ्रमित द्रवित,
कुरुक्षेत्र और बीच समर में,
गीता से प्रतिमान कहां।

तर्कों के कोलाहल मन में,
ठौर ठौर अब बिखर गए,
अब श्रद्धा के घर आंगन में,
भक्ति तृप्ति के गान कहां।

तिमिर ओढ़ खड़ी प्राचीरें,
छत पर कोहरे के पहरे,
अंतहीन निस्सीम गगन की,
सीमा का अनुमान कहां।

परिधानों का छद्म शिल्प है,
प्राण प्रतिष्ठा पत्थर में,
स्वर्ण मुकुट करुणा का पहने,
भावों के भगवान कहां।

—ও৪৩—

गीतिका

गीतों का दर्पन हुई प्रीत जबसे,
अभिमंत्रित पवन हो गई।

श्रृंगार के कुछ कथानक संजोए,
क्षुधा वृन्दावन हो गई।

पूजा स्थलों के बड़े परिसरों में,
व्यथा कीर्तन हो गई।

क्यों गंध की राजधानी में आकर,
पूर्वा बदचलन हो गई।

स्मृतियों के शव सजाते–सजाते,
कथा पागलपन हो गई।

बहरों की सत्ता में गूंगों की पीड़ा,
दफ्तर में दफन हो गई।

होते गए तर्क श्रद्धा के अनुचर
साधना सृजन हो गई।

बस ये गिला है कि जिस्मों की खातिर,
दृष्टि भी रहन हो गई।

मुलाज़िम

हमें वक्त का मुल्ज़िम कह दो,
बिना राह की मंज़िल कह दो,
साहब के चाय–पान से सस्ते,
अपने सारे वेतन भत्ते,
वेतन भत्तों पर भारी साँसें,
कुछ उलझी कुछ सुलझी बातें,
हम महज़ मुलाज़िम ठहरे,
सपनों पर गर्दिश के पहरे,
पहरों में बंदी आशाऐं,
आशाओं की मौन व्यथाऐं,
मौन व्यथाऐं स्वाभिमान की,
स्वाभिमान के समाधान की,
समाधान कुछ आयामों का,
समाधान कुछ मुस्कानों का,
मुस्कानों को आँसू पीना है,
जो है नहीं, वही जीना है,
आँसू अपनी आशाओं के,
मर्यादा के, क्षमताओं के,
जो जीना है वह है ही नहीं,
कैसे सहना है, पता ही नहीं,
सहन शक्ति की क्या सीमाएं,
सीमा में कितनी पीड़ाऐं,
पीड़ाओं के राजकुँअर हम,
बुझे दीप की गर्म छुअन हम,
गर्म छुअन सर्द रातों की,
सर्द रात के अँधियारों की,
इन निर्दयी से अँधियारों में,
दृष्टि हीन से उपचारों में,
सरकारी दर्पन जैसे हम,

वीरान् पर्यटन स्थल भर हम,
क्या वजूद, क्या भाषा अपनी,
बंजारों सी आशा अपनी,
आवारापन आते लम्हों का,
दीवानापन जाते लम्हों का,
जीते रहे और जी लेंगे,
मरते रहे, और मर लेंगे,
सत्य समय का जीते जीते,
पैबन्दों को सीते सीते,
थकन समेटे स्वाभिमान की,
दृष्टि संजोए आत्म–ज्ञान की,
बच्चों की मुस्कानें लेकर,
बूढ़ी माँ की ढाढस होकर,
रोज़ लौट आते हैं घर तक,
निष्ठाओं के अंतर–मन तक,
गिरती दीवारों का घर अपना,
नम ज़मीन पर डाल बिछौना,
तृप्ति ओढ़ कर सो जाते हैं,
निष्ठाओं में खो जाते हैं।

–cঃৎ–

ऋतु-राज बसंत तुम आते रहना

ऋतु–राज बसंत तुम आते रहना,
ऋतु–राज बसंत तुम आते रहना।

अंतर्मन के दिव्य अर्थ,
गुनगुनाते रहना,
तृप्ति–गीत अनुभूत सत्य के,
गाते रहना,
ऋतु–राज बसंत ....
ऋतु–राज बसंत ....

केसर क्यारी जैसे,
भावों में भाते रहना,
आहट आहट,
माधुर्य जगाते रहना,
आना छोटी सी,
गुड़िया के नूपुर होकर,
आना घर–आँगन के,
अनुपम तेवर होकर,
फिर भक्ति का आसक्ति राग
सजाते आना,

साधों के झूले पर,
मर्म झुलाते आना,
लाते रहना अभिनव,
प्रण–श्रृंगार, दृष्टि तक,
सपने गुलमोहर जैसे,
इठलाते लाना,
अर्थ शुभता के समझाते आना,
ऋतु–राज बसंत ....
ऋतु–राज बसंत ....

आना फिर शुचिता के
मंत्र सिद्ध कर,
नीरस हवाओं की मंशा अवरुद्ध कर,
सुगन्धों को प्रतिबद्ध कर,
फिर लेते आना,
आना, नेह को नेह के लिए कटिबद्ध कर,
नियति के हर मन की प्यास,
बुझाते आना,

फिर आने का एहसास,
जताते आना,
लाना फिर अबके बरस,
वही राग वही रंग,
आओ तो गीतों के,
पाँव धुलाते आना,
हर मन में गोकुल के,
ठौर बसाते आना,
ऋतु–राज बसंत ....
ऋतु–राज बसंत ....

–ॐ–

मेरा हरदा

फूलों के रसों पर जीते,
परिन्दों का शहर है,
मेरा हरदा,
संस्कारों के पक्के,
घरौंदों का शहर है,
मेरा हरदा।

हर ठौर पर, मन की,
मुस्कानें देखना हो तो,
ज़रूर आना,
नेह की नक्काशी के,
कारिन्दों का शहर है,
मेरा हरदा।

भले गंभीरता,
ढोने वाले उन्हें,
अनाड़ी समझें,
सहजता के महलों के,
बाशिन्दों का शहर है,
मेरा हरदा।

हर तरह के शोर–शराबे,
और नई सभ्यता के,
मेलों में,
संजीदगी के मस्त,
नुमाइन्दों का शहर है,
मेरा हरदा।

उसकी सरहद पर,
क़दम रखते ही,
झंकृत हो उठता है मन,
खुशनुमा नग्मों के,
साज़िन्दों का शहर है,
मेरा हरदा।

कभी किसी भी नज़र से,
कमतर आँकने की,
न करना कोशिश,
स्वाभिमान की सजग,
सौगन्धों का शहर है,
मेरा हरदा।

"भैया" बड़े शहर में,
कुछ घण्टे बिताना ही,
अखर जाता है,
कच्चे घरों में,
फ़ौलादी संबंधों का शहर है,
मेरा हरदा।

—ଓଃ—

पूरा सच

वो मन नहीं थे, यातना शिविर थे,
भावनाओं के,
भूख, प्यास की मजबूरी जीती,
रही चुनावों में,
धर्म के ठेकेदारों की पनाहों में,
खूब सहा,
बाल–बच्चों सहित सड़क पर लेटी
गैया ने कहा।

मंचों पर सजी दूकानदारी से,
बेहतर हूँ,
कम से कम अस्मिता सलामत है,
भले कमतर हूँ,
हास्य के नाम पर बर्बादी का,
खूब जश्न सहा,
फटे क़ागज़ पर सलाहियत से,
लिखी कविता ने कहा।

मशीनों की तरह पालते रहे,
नौनिहालों को,
वक्त का वास्ता देकर लादते रहे,
सवालों को,
बचपन से समय का इन्साफ बड़ा,
बेदर्द रहा,
बोझ बस्ते का पीठ ढोते हुए
बच्चे ने कहा।

आदमी आदमी का न हुआ अपना
कैसे होता,

इन्सान ही न रह पाया तो कैसे,
करुणा ढोता,
आदमी के लिए जैसे घृणा का,
सैलाब बहा,
पशुओं ने जब एक दूसरे से,
अपना दर्द कहा।

वक्त तिलस्मों का है, उजालों में,
सपने ढूँढो,
अंधी आस्थाओं को बहलाओ,
खूब फलो फूलो,
आपके खून में भक्ति–भाव,
नशे की तरह बहा,
चमत्कारी बाबाओं से मासूम,
श्रद्धा ने कहा।

प्रजातंत्र की लाठियों के ज़ख्म,
नहीं भर पाए,
क़ाफिले ग़रीबी के ना जी पाए,
ना मर पाए,
हम वो उसूल हैं, इंसाफ भी,
जिनका मुरीद रहा,
बदले हुए दौर की सियासत के,
गुनहगारों ने कहा।

–ଔ–

सच सच बताना

सच सच बताना,
मन में स्पंदित सत्य ही बताना,
नर्मदा कछारों में
संतों के दिव्य ज्ञान,
ओंकार के आँगन
साधुता के समाधान,
श्रद्धा की शपथ
जाँच कर बताना,
सच सच बताना।

तीर्थ शिखर
रामेश्वरम का मोक्ष धर्म,
निश्छल आराधनाओं का
सार्थक मर्म,
मन करुणा से
बाँध कर बताना,
सच सच बताना।
मन में स्पंदित सत्य ही बताना।

भावों के आँगन में
शुभ–शगुन शुचिता के,
द्वार पर द्वारिका के
अभिनन्दन शुभता के,
दृष्टि में तृप्ति
आँज कर बताना,
सच सच बताना।
मन में स्पंदित सत्य ही बताना।

समाधिस्थ शिव के त्रिशूल पर,
काशी वंदन

मर्म के शीर्ष पर,
विश्वनाथ के दर्शन
अरुणिम किरणें,
बाँच कर बताना,
सच सच बताना।
मन में स्पंदित सत्य ही बताना।

गंगा के घाटों पर
श्रद्धा की अंगड़ाई,
करुणा की देहरी
बुहारती पुरवाई,
भ्रमों की दीवारें
लाँघकर बताना,
सच सच बताना।
मन में स्पंदित सत्य ही बताना।

महाकाल का अनुपम
अलौकिक आँगन,
नियति बाँटती है जहाँ
श्रद्धा के दर्पण,
सच्चाई आत्मा में
झाँक कर बताना,
सच सच बताना।
मन में स्पंदित सत्य ही बताना।

कैसे होते हैं अश्रु में
नेह के उत्सव,
कैसे भाए भावों को
भक्ति के कलरव,
वृन्दावन से लौटकर बताना,
सच सच बताना।
मन में स्पंदित सत्य ही बताना।

—ঔষ—

विजय पर्व

सत्य का यह विजय पर्व,
या, विजय का पर्व–सत्य,
अंजुरी में सौगन्धों के,
सुरभित सुमन लाया है,
सपनों की बगिया ने जैसे,
अभिनव बसंत गाया है,
ठौर ठौर उत्सव हैं,
भावों के कलरव हैं,
राम का रामत्व फिर,
प्रणों को संवारेगा,
दृष्टि में सामर्थ्य,
संस्कार जगाएगा,
प्रेरणा के आमंत्रण,
सुगन्धों से बिखरेंगे,
निश्चय ही कीर्ति–शिविर,
तृप्ति गीत गढ़ लेंगे,
निष्ठाएें अकुलाएेंगी,
सौगन्धें इठलाएेंगी,
बाँटेंगी द्वार द्वार,
गर्वोन्नत अभिनन्दन,
गीतों सा माधुर्य धरे,
भाव–विव्हल आमन्त्रण,
आमंत्रण तृप्ति के,
सामर्थ्य की आसक्ति के,
आपकी सौगन्धें,
अभिनव प्रतिमान गढ़ें,
क्षितिज के सीमान्त तक,
प्रखर कीर्तिमान रचें,
विजय की दीप–मालिकाएें,

निष्कंप जगमगाऐं,
पर्व के आल्हाद की,
भाव–भंगिमाऐं इठलाऐं
सिद्ध हों आराधनाऐं,
स्वीकारें शुभकामनाएं ।

–ଔ–

उत्प्रेक्षा

भावों में रिश्तों की,
शुचिता अब ऐसे,
भीख के कटोरों में, गंगा जल जैसे।
गिरते मकानों में,
निर्जन ठिकानों में,
कमज़ोर सहमी–सहमी,
उम्र की ढलानों में,
रूढ़ संस्कारों की,
उजड़ी दुकानों में,
निर्धन विचारों के,
छद्म समाधानों में,
दृश्यों के नेपथ्य में,
अभिलाषित सत्य में,
कटु अनुभव मिलते हैं,
सुनकर प्रण दरकते हैं,
आस्था कर्म–स्थल,
भाव–विव्हल दिखते हैं,
भावों के ठौर ठौर,
अर्थ यही कहते हैं,
साधना में साधुता के, आराधक ऐसे,
वनों में शहीदों के, स्मारक जैसे,
भाषा में मर्यादा के, आव्हान ऐसे,
पगलों की बस्ती में, संविधान जैसे।
धुंधले उजालों के,
उभरते सवालों में,
निष्ठुर आस्थाओं में,
कल के नौनिहालों के,

मुट्ठी भर सपने हैं,
सपने आस्थाओं के,
श्रृंगार–गहने हैं,
सपनों में आहट है,
नेह की सजावट है,
गीतों के मन जैसी,
मधुर छटपटाहट है,
छटपटाहट साँसों की,
उद्वेलित भावों की,
भावों में बंधन हैं,
चुभते स्पंदन हैं,
मर्म की पुकारों के,
सहज सरोकारों के,
सरोकार जगते हैं,
प्रश्न फिर खनकते हैं,
निष्ठुर व्याख्याओं के,
प्रश्न आस्थाओं के,
प्रश्न चेतनाओं के,
चलन के प्रथाओं के,
प्रथाऐं छटपटाती हैं,
सत्य बुदबुदाती हैं,
विरहिन को मौसम के, आमंत्रण ऐसे,
संत की समाधि पर, आभूषण जैसे,
भावों के मंदिर पर, दृष्टि–कलश ऐसे,
सैनिक की विधवा के, स्वर्ण पदक जैसे।

–ઝ્ઝ–

बीते पल

भूली बिसरी सुधियों में,
कुछ पहचानी सी गलियों में,
अपने भावों के निर्झर में,
या आशाओं के पतझर में,
सूखे पत्तों के दर्पण में,
या फिर आल्हादित मधुबन में,
कुछ खोने में कुछ पाने में,
कुछ जाने में, अनजाने में,
जो बीता वो भी अपना था,
जैसा था, कल का सपना था,
अपने पदचिन्हों के नीचे,
जो पल हारे जो पल जीते,
आओ उनसे कुछ बीन चलें,
कुछ पगध्वनियाँ ही छीन चलें,
बीते पल कुछ दे जाएँ शायद,
बंधी नाव खे जाएँ शायद,
पृष्ठ भूमि तो गढ़ना है,
नींव नई तो भरना है।

क्या जानें

मझधारों के प्रवाह,
तट की, व्यथा, कथाएँ,
क्या जानें,
हम ठहरे भावों के भँवरे,
परिभाषाऐं,
क्या जानें।

दादी माँ से कृष्ण–कथा,
सुनते सुनते,
सोने वाले,
रौशनी में कहाँ,
बेआबरू हुई,
निशाऐं क्या जानें।

सुविधाओं के,
सुल्तानों को,
पगडंडियों की ख़बर कहाँ,
पीड़ाऐं, पाषाणों की,
स्फटिक शिलाएँ,
क्या जानें।

पता नहीं मन की ,
घाटी में धूप और छाँह,
कहाँ रही,
यादें, मुस्कानें या अश्रु की,
मर्यादाऐं,
क्या जानें।

वो वक्त के,
बूढ़े ठहरे, उनकी,
क्या खुशी क्या नाराज़ी,
बदले हुए रिवाज़ों का सच,
दंतकथाएं,
क्या जानें।

भक्ति की सच्चाई,
भटकती आस्थाएँ,
क्या जानें,
अब लाज के आभूषण,
आपकी अस्मिताऐं,
क्या जानें।

लम्हा दर लम्हा जो जिया,
देखा बस,
वही कहा,
गीतों का अंतर्मन,
आल्हाद, व्यथाऐं,
क्या जानें।

—๛—

दादी के स्पंदन

बचपन की स्मृतियाँ
ठौर–ठौर बिखरी हैं
स्नेह की अनुकृतियाँ
समय ने उकेरी हैं
अनचाही दीवारें
टूट गईं अनायास
सैलाब भावों के
ठहर गए आसपास
दर्पन के पास खड़ी
अस्मिता सुनाती हैं
निश्छल समर्पण की
शपथ गुनगुनाती हैं
आंगन में दादी की
स्मृतियाँ थिरकती हैं
जीवंत सांसों के
संस्कार कहती हैं
ममता की उंगली थामें
संकल्प चलना सीखे
करूणा की छाँह तले
स्वप्न महकना सीखे
गोद वही थी जिसमें
प्रण खेले बचपन के
जीवन ने रंग भरे
मनभावन उपवन के
दादी ने प्रार्थनाएँ
ऐसे सिखाई थीं
कर्म की लय में जैसे
साधना समाई थी
सुबह–सुबह आंगन में
चाहे शिव आरती हो

या फिर सांझ पड़े
तुलसी की क्यारी हो
कर्म दादी का जैसे
सारथी संस्कारों का
आचरण ज्यों दर्पन था
सामाजिक सरोकारों का
अर्थ डांट खाने के
दिशा बोध लगते थे
प्यार की थपकियाँ ऐसी कि
स्वप्न भी महकते थे
था दीप सा निष्कंप
मातृत्व देहरी पर
शीतल स्पर्श लिए
तपती दोपहरी पर
तिरोहित आडंबर थे
कर्म ही बस धर्म था
साधना दायित्वों की
जीवन का मर्म था
स्मृतियाँ बाकी हैं
नयनों में साधों में
दीर्घ और दुरूह क्षण की
तपती दीवारों में
जीवन के अंतिम क्षण तक
चेतना जगाई है
सौंप कर जीवन सारा
साधुता दिखाई है
तुझे देख नहीं पाता
मगर स्पंदित आज भी
दादी तेरे स्पर्श
चिरंतन हैं आज भी.....

–ଓଃଡ–

हों, नवल वर्ष के अर्थ धवल.....

प्रतिमान नवल,
उपमान नवल,
फिर नवल मंत्र,
फिर नवल गान,
आव्हान नवल,
फिर नवल दृष्टि में,
नवल प्राण।

संधान नवल,
नवल समाधान,
फिर नवल शिल्प,
अभिनव विधान,
हो प्रखर दीप्ति,
नव शीर्ष धवल,
हो नवल सृष्टि,
विश्वास नवल,
फिर नवल गीत के,
नवल अर्थ,
चिर तरुण नेह के,
प्रण समर्थ,

हो कीर्ति नवल, प्रशस्ति नवल,
हों नवल वर्ष के अर्थ धवल।

आशय नवल,
हो नवल हृदय,
हो नवल क्रांति,
नव–व्रत किसलय,
स्मृति नवल,

अनुकृति नवल,
कटुता निजता की,
विस्मृति नवल,
नव–आलिंगन,
अक्षुण्ण विधान,
नव–अभिमंथन,
नव–अनुष्ठान,
कृतित्व नवल,
व्यक्तित्व नवल,
हो नवल कंठ,
अभिव्यक्ति नवल,
हो नवल प्रदेय,
नो नवल ध्येय,

आरंभ नवल, अवसान नवल,
स्वीकृति नवल, प्रकृति नवल,

हों नवल वर्ष के अर्थ धवल,
हों नवल वर्ष के अर्थ धवल।

—cs&o—

दीपों के समारोह से लौट कर जब आओ तुम.....

दीपों के समारोह से लौट कर जब आओ तुम,
संतों के अंतर्मन जैसी शुभता लेते आना।

विजय पर्व नियति हथेली पर रचाए जब,
त्यौहार का आंगन अरुणिमा बुहारे जब,
जब भावनाऐं सरयू के तट जैसी निखर उठें,
जब नवल उल्लास, अयोध्या से दमक उठें,
पूजा के पुष्पों में जब महक उठें प्रार्थनाऐं,
मेरी शुभकामनाओं के मंत्र भी सुनते जाना।

दीपों के समारोह से ....

दर्पन कुलवधुओं के संस्कार गाएं जब,
आरती के दीपों जैसे प्रण झिलमिलाऐं जब,
साधें जब रांगोली के रंग लिए थिरक उठें,
बन्धन स्मृतियां जब टेसू की गमक उठें,
मंदिर की कीर्तन सी झूम उठे संवेदना जब,
मंगल गीतों के धवल पुष्प तुम चुनते आना।

दीपों के समारोह से ....

दुल्हन की सजधज सी कल्पना इठलाए जब,
पायल की रुनझुन मधुर आमंत्रण गाए जब,
चंदन–वन के आव्हान जब सांसों में झूम उठें,
गीतों के स्पंदन भावों को चूम उठें,
कुमकुम के तिलक सी जब शपथ मन में कौंध उठे,
क्षितिज तक पहुंचने के स्वप्न तुम बुनते आना।

दीपों के समारोह से ....

—

खामोश झुनझुना है प्यारे

बच्चों के हाथों में,
जो खिलौना,
अनमना है प्यारे,
वो मेरी,
तक़दीर का खामोश,
झुनझुना है प्यारे।

ग़ौर से देख,
ग़रीबों की ग़रीबी का,
दर्पण, जिसमें,
बर्बाद आबरू का,
सच अब तक,
अनसुना है प्यारे।

चाहत की कुछ सर्द,
कुछ गर्म छुअन,
महसूस होती है,
मौसम का मिज़ाज,
इन दिनों गुनगुना है प्यारे।

रिश्तों की हक़ीक़त,
क़रीब से देख कर,
ये मान लिया,
ज़िन्दगी की सच्चाई,
सुलझ कर,
उलझना है प्यारे।

नक़्क़ाशियाँ पानी पर,
उकेर लेने की,
ज़िद है उन्हें,
अजीब सा,
सियासत का इन दिनों,
बचपना है प्यारे।

नायाब आईने देखे,
आँसुओं को,
छुपाने के,
नामुमकिन सा है,
दिलों का सच,
समझना प्यारे।

घुमावों, ढलानों के,
साथ साथ,
भूल–भुलैया भी हैं,
रास्तों की, हक़ीक़तें,
समझ कर ही,
गुज़रना प्यारे।

–ଓଃ–

Printed by Libri Plureos GmbH in Hamburg,
Germany